Elaine Toledo

# A herança
## Uma história de inteligência financeira

Copyright © 2013 Elaine Toledo

Todos os direitos reservados. Nenhuma parte desta edição pode ser utilizada ou reproduzida – em qualquer meio ou forma, seja mecânico ou eletrônico –, nem apropriada ou estocada em sistema de banco de dados sem a expressa autorização da editora.

O texto deste livro foi fixado conforme o acordo ortográfico vigente no Brasil desde 1º de janeiro de 2009.

EDIÇÃO: Maria Sylvia Corrêa
REVISÃO: Bóris Fatigati
CAPA: Cesar Godoy
IMAGEM DE CAPA: Glow Images, Inc
PROJETO GRÁFICO: Rodrigo Frazão
IMPRESSÃO E ACABAMENTO: EGB – Editora Gráfica Bernardi Ltda.

1ª edição, 2013
Impresso no Brasil

Dados Internacionais de Catalogação na Publicação (CIP)
(Câmara Brasileira do Livro, SP , Brasil)

Toledo, Elaine

A herança: uma história de inteligência financeira / Elaine Toledo. 1. ed. São Paulo: Alaúde Editorial, 2013.

Bibliografia

ISBN 978-85-7881-194-5

1. Finanças domésticas 2. Orçamento doméstico 3. Matemática financeira I. Título.

13-06349                                                CDD-640.92

Índices para catálogo sistemático:
1. Educação financeira familiar 640.92
2. Família : Educação financeira 640.92

2013
Alaúde Editorial Ltda.
Rua Hildebrando Thomaz de Carvalho, 60
04012-120, São Paulo, SP
Tel.: (11) 5572-9474
www.alaude.com.br

*Para Gregório, amor da minha vida, e aos filhos, noras,
genros e netos, que são minha riqueza:
Taís, Cibelle, Tiago, Danielle, Eduardo e Gregório, Reinaldo, Fabiano,
Camila Anjos e Camila Lima, Gabriel, Ana Luiza, Lizzie,
Manuella e quem está chegando.
Para minha mãe, Maria José, e para minha avó, Maria de Lourdes,
que sempre foram meus exemplos.*

sumário

Prefácio 6

A herança 9

Posfácio 220

Agradecimentos 222

Apêndice 224

prefácio

Atualmente, muitos livros sobre finanças pessoais podem ser encontrados no Brasil, onde a preocupação com a educação financeira da população ganha impulso a cada dia. Contudo, é muito raro encontrar obras dedicadas a esse tema escritas com um enfoque que reúne as informações técnicas dentro de uma história envolvente, como é o caso deste novo livro de Elaine Toledo.

A autora tem experiência de muitos anos na área e apresenta agora ao leitor o resultado de sua vivência profissional como consultora de finanças pessoais sob nova roupagem: um romance com trama instigante e personagens que se parecem com pessoas que todos nós conhecemos e que poderiam fazer parte do nosso cotidiano, envolvidos numa jornada que é, sem dúvida, de organização financeira, mas também de autoconhecimento, com referências à psicologia econômica, assunto também estudado pela autora.

Essa abordagem inovadora convida o leitor a mergulhar na história e identificar-se com os desafios descritos, tanto do ponto de vista financeiro como dos sentimentos e das descobertas dos personagens, enquanto procuram novas maneiras de lidar com as dificuldades em relação à administração financeira. Dessa forma, facilita o aprendizado de assuntos que poderiam ser áridos – porque aqui são tratados com leveza – ao mesmo tempo em que oferece oportunidades para um questionamento sobre o próprio comportamento em relação ao dinheiro e a outras escolhas que devem ser feitas na vida.

Os personagens de Elaine são gente comum, que se vê diante de situações enfrentadas por muitas pessoas também no mundo real. Nesse momento, precisam desenvolver novas habilidades para crescer e evoluir ao lidar com o dinheiro e suas implicações nas relações conjugais, como nos casos de separação ou de convivência, tantas vezes tensa, com ex-cônjuges; com os entraves na busca da estabilidade financeira; com a administração de pequenas empresas e as dificuldades para manter as finanças da família separadas das questões empresariais; com as pressões constantes para consumir e comprar, mesmo quando a renda não comporta, o que pode gerar graves problemas de endividamento, como no caso extremo dos compradores compulsivos, patologia que inclui a falta de controle sobre os próprios impulsos, refletindo-se em compras excessivas e, frequentemente, inadimplência.

A obra também oferece um questionário de análise financeira que pode ajudar o leitor a obter um diagnóstico inicial de sua condição nessa esfera da vida e, possivelmente, estimulá-lo a buscar novas maneiras para lidar com os problemas identificados.

Esta obra tem potencial para falar com leitores de todas as classes sociais e de todos os níveis socioeconômicos, mas sua abordagem inusitada sobre o tema – sob a forma de um romance – consegue atingir especialmente aqueles que têm certa resistência em lidar com assuntos de dinheiro. A área de finanças pessoais e educação financeira ganha, com este livro, um poderoso aliado.

Dra. Vera Rita de Mello Ferreira
Psicanalista, doutora em psicologia econômica e representante da International Association for Research in Economic Psychology (Iarep) no Brasil

# A herança

Nota da editora: Ao longo do texto, as palavras escritas em vermelho indicam conteúdo digital sobre o assunto destacado, que pode ser acessado pelo código QR ou diretamente no blog elainetoledo.toledocursos.com.br através das palavras-chave.

# o desafio

### 17 de março, no hospital

No corredor cheirando a éter ecoam os passos apressados de Viviane, Isabel e Fernando.

– Qual o nome do paciente? – pergunta a enfermeira que está no balcão.

– Sophia Fernandes – Viviane responde, observando os olhos da mulher na tentativa de prever a notícia que viria.

Ela levanta os olhos do prontuário.

– O doutor Bernardo quer falar com vocês.

Os irmãos se entreolham em silêncio. O olhar de Fernando transparece tristeza e o de Isabel, preocupação. Um médico se aproxima.

– Sou o doutor Bernardo.

– Ela está viva, doutor? – antecipa-se Viviane.

– Sim. Mas seu estado é gravíssimo.

Viviane abraça Fernando e contém as lágrimas. Isabel se junta a eles no abraço.

– Um doador compatível em quarenta e oito horas, no máximo, talvez possa salvá-la – explica o médico.

– Estamos fazendo tudo o que podemos – diz Fernando. – Fizemos campanha até nas redes sociais.

– Podemos vê-la, doutor? – pergunta Viviane.
– Por meia hora. Ela está no leito 7. Evitem deixá-la agitada.

Em silêncio, Viviane veste os aparatos para entrar na UTI e pensa na mãe que viajara para celebrar a vida e voltara do aeroporto direto para o hospital, à beira da morte. A vida prega peças. A leucemia, que parecia sob controle nos seis meses anteriores, ressurgiu mais agressiva. Nem ela nem os irmãos são doadores compatíveis. Tudo o que podem fazer é rezar e esperar.

Sophia os recebe sorrindo. Com dificuldade, afasta a máscara de oxigênio para se fazer ouvir.

– Meu prazo de validade está no fim.

Viviane se antecipa, beija a mão dela e alisa-lhe os cabelos:

– Não fale bobagens, dona Sophia. Ainda vamos comemorar sua recuperação com bacalhoada e vinho, do jeito que você gosta – diz, tentando disfarçar a angústia de ver a mãe naquele estado.

Fernando se aproxima, beija-a na testa. Isabel se mantém aos pés da cama, olhando-a de frente. Sophia faz sinal para Isabel se aproximar, e ela a obedece, postando-se ao lado de Viviane.

– Meus filhos...

– Não precisa falar agora, mãe, descansa – interrompe Fernando, parecendo aflito.

– Não haverá depois. Vocês são presentes que Deus me enviou. Desculpem se não fui uma boa mãe. – Sei que errei muito, mas nunca duvidem do meu amor por vocês.

Viviane pega um lenço de papel na mesa ao lado da cama, enxuga o rosto da mãe e tenta lhe dizer para ficar quietinha, mas ela insiste em falar.

– Ouçam, por favor. Nestes dois anos de tratamento aprendi muito, realizei coisas que jamais imaginei. Deus foi bom comigo. – Fecha os olhos, recoloca a máscara de oxigênio sobre o nariz e respira. Abre os olhos de novo. – Sinto que minha missão está quase cumprida. Mas ainda preciso fazer um pedido para ficar em paz.

– Pode falar, mãe – diz Fernando.
– Faremos tudo que nos pedir.

– Deixei um testamento.

Saiba mais no blog com a palavra-chave "testamento"

Os irmãos se entreolham.

– Mas para fazer jus ao que lhes deixo terão que cumprir o que eu pedir.

Ninguém arrisca uma palavra, concentrando os olhares na mãe.

– Seije vai ajudá-los.

– Quem é Seije? – pergunta Isabel.

– Um amigo – sussurra, quase sem forças. De repente, o compressor de oxigênio passa a ser o único som no ambiente.

Viviane tenta segurar o choro.

Dona Sophia segura a mão trêmula de Fernando e tenta falar mais um pouco:

– Recebam Seije bem. Ele me ajudou muito nesses dois últimos anos e vai ajudar vocês também.

– Como ele vai nos encontrar, mamãe? – pergunta Viviane.

– Ele vai procurar vocês quando eu partir.

Viviane não se contém mais e deixa as lágrimas correrem.

A mãe pede que eles prometam cumprir os pedidos que deixou por escrito antes da abertura do testamento.

– Prometo, mamãe, fique tranquila, queremos que repouse e se recupere – afirma Viviane, enxugando o rosto.

– Mãe, eu prometo, mas sei que não vamos precisar cumprir essa promessa, porque você em breve vai voltar para casa, vai voltar a cuidar de suas rosas e a preparar as comidas deliciosas que só você sabe fazer – diz Fernando.

Virando-se para Isabel, Sophia insiste na pergunta.

– E você, Bel, promete? É meu último pedido, depois fica livre de mim para sempre.

– Prometo, dona Sophia – responde Isabel.

Sophia se diz cansada e pede um beijo a cada filho.

### 26 de março, casa de Sophia

Seije recebera a notícia no aeroporto. Lamentou, mas precisava seguir viagem. Despedira-se de Sophia no dia anterior, no hospital, mas não esperava que fosse o último abraço. Agradecera a Deus por tê-la conhecido e pedira que ela seguisse em paz. Nada mais podia fazer.

Alguns dias depois Seije volta da viagem e vai cumprir a promessa que fez a Sophia. Segue para a casa da amiga para encontrar os três filhos dela. Sempre se encontrava com Sophia nos fins de semana, na área de convivência do Sesc Pompeia, no bairro de mesmo nome em São Paulo, porque fica próximo da casa de Sophia e também do núcleo onde ele realiza trabalhos voluntários. Pela primeira vez entrará na casa dela. Sente o suor no rosto, não só pelo calor intenso, mas também pela expectativa do resultado desse encontro.

Seije olha o papel que traz na mão, olha para o número da casa. É ali.

A certa distância, admira a beleza da fachada branca como pano de fundo para o jardim. Roseiras carregadas de rosas vermelhas no meio de outras flores coloridas. Logo acima do portão, as flores cor-de-rosa da primavera se debruçam como se dessem as boas-vindas. Harmonia e alegria. Como seria o interior da casa? O que o esperava lá dentro?

Seije toca a campainha. Em seguida, vê uma mulher se aproximar. Os cabelos curtos e lisos, o corpo delgado, o *jeans* e o tênis lhe dão certa leveza. O andar apressado demonstra ansiedade. O rosto delicado com lindos olhos cor de mel tem uma expressão tensa.

– Pois não?

– Bom dia, sou Sérgio Seije. Acredito que estejam à minha espera.

– Não imagina quanto! – diz ela, e esboça um sorriso, quebrando a tensão do rosto. – Sou Isabel, a filha mais velha de Sophia. Pode entrar, por favor.

Seije a acompanha até a porta de entrada e constata que Sophia não exagerava quando elogiava o próprio jardim.

Ao se aproximar, vê outra mulher e um homem parados à porta. Imagina que sejam os outros filhos de Sophia. Há em ambos o abatimento comum de quem passa por uma situação de luto, mas ao se aproximar percebe a semelhança deles com Sophia. Têm cabelos escuros, silhueta elegante e lindos olhos azuis.

– Olá – cumprimenta a linda mulher, esforçando-se para sorrir.

– Olá, sou Sérgio Seije, mas podem me chamar apenas de Seije.

– Sou Viviane, ou Vivi, se preferir.

– E eu sou o Fernando. Por favor, sente-se.

– Um cafezinho? – oferece Viviane.

– Um copo d'água, obrigado.

Viviane se dirige à cozinha e, quando ela retorna à sala, Seije a observa com atenção. A maquiagem bem-feita, o cabelo levemente cacheado, que balança sobre os ombros com o seu andar elegante em um salto alto. Uma beleza encantadora.

– Podemos ir direto ao assunto? – pergunta Seije, já refeito do calor intenso da rua.

– Por favor – suplica Isabel. – Estamos ansiosos para saber o que dona Sophia quer de nós.

– Conheci a mãe de vocês dois anos atrás, quando ela fazia quimioterapia. Uma fase difícil para ela e, acredito, para vocês também.

Ninguém diz nada.

– Naquela época, Sophia estava com a vida financeira totalmente desorganizada. Com o aparecimento da doença e a finitude da vida se tornando cada vez mais palpável, resolveu que não deixaria dívidas como herança para os filhos. Sabendo que eu fazia um trabalho voluntário de *mentoring* financeiro com os jovens profissionais do meu departamento, ela me pediu que a ajudasse.

"Foi uma experiência gratificante, pois em dez meses ela estava sem dívidas e poupando para realizar o sonho de rever a ilha da Madeira, sua terra natal. Nos últimos meses, minhas viagens de trabalho acabaram nos afastando. Ela já estava internada quando a vi pela última vez. Me chamou no hospital e me fez alguns pedidos um dia antes de partir."

– Incrível – comenta Viviane. – Mamãe nunca me falou de dívidas...

– Ela conversava sobre tudo conosco, mas dinheiro sempre foi uma espécie de tabu aqui em casa – complementa Fernando.

– Sophia comentou que falava pouco sobre dinheiro com vocês. Primeiro, porque nunca recebeu orientação de ninguém; segundo, porque não queria preocupá-los; e, por fim, porque faltava a ela disciplina para fazer controles financeiros.

– Mas o que tudo isso tem a ver com os pedidos que ela nos fez? – pergunta Isabel, demonstrando impaciência.

Seije explica que Sophia deixou um testamento guardado no cofre de um banco, e que a chave está em poder do doutor Marcondes, o advogado dela. Para que esse testamento seja aberto, eles terão de atender a um pedido que Sophia deixou por escrito em cartas individuais, que estão em poder dele. Ele teve de prometer para a amiga, no hospital, que os ajudaria em tudo que fosse necessário para que realizassem o que ela pede nas cartas.

– Não posso acreditar que isso está acontecendo comigo – Isabel se levanta e vira os olhos para o teto.

– Bel, nós prometemos. Agora, senta e escuta o Seije, por favor – ordena Viviane.

– Vou ouvir em pé, posso? – responde Isabel, expirando de forma ruidosa.

– Por favor, Seije, continue – pede Fernando.

Seije percebe o clima pouco amistoso entre os irmãos, mas continua.

– Ela deixou uma carta para ser lida neste encontro e outra para cada um de vocês, que serão abertas em um próximo encontro.

Seije observa que os olhos de Viviane brilham quando ele fala da carta. Estende-lhe a mão com o envelope, que ela pega como uma criança que ganha um doce. Abre um sorriso e fica ainda mais bonita.

Ao olhar a carta, Viviane comenta que a letra é de sua mãe e se emociona. Respira fundo para começar a leitura.

Isabel senta-se e olha para Viviane atentamente. Fernando aperta uma mão na outra.

"Meus amores,

Foi difícil aceitar que teria de partir e não poderia mais abraçá-los, beijá-los nem reuni-los em volta da mesa com comidas deliciosas como sempre fazíamos. Já estou com saudades. Mas nem tudo acontece como queremos, e essa foi a maior lição que a vida se encarregou de me ensinar.

Devem estar surpresos com o testamento. Ainda mais por ter sido feito no avião. Natural, já que sempre vivi na pendura, contando tostões, e só tive um teto porque o herdei de meus pais.

Ter recebido de herança a casa em que criei vocês me ajudou muito e sempre me fez pensar sobre o que deixaria para meus filhos. Vou para esta nova etapa de minha vida em paz por deixar algo que os enriquecerá. Mas, como aprendi que tudo que vem fácil é menos valorizado, farei algumas exigências.

Para vocês não se esquecerem das nossas brincadeiras, proponho um jogo do tipo que costumávamos fazer nas férias de verão. Desta vez, porém, não estão valendo broas de milho, mas algo precioso. Todos terão que atingir os objetivos para ter direito à herança.

As regras são:

1. Cada um de vocês terá um objetivo a cumprir dentro do prazo de seis meses, contados a partir de agora. Vocês receberão uma carta escrita por mim no próximo encontro, que será individual.
2. Aquele que atingir o seu objetivo primeiro deverá auxiliar quem ainda não o cumpriu.
3. O testamento só poderá ser aberto depois que os três tiverem atingido os objetivos.
4. Aproveitem tudo o que podem aprender com o Seije.
5. Até a leitura do testamento, nada da casa poderá ser doado, nem vendido, nem dividido entre vocês.
6. Não precisam esperar os seis meses se os objetivos forem atingidos antes do prazo.
7. Não desanimem diante das dificuldades. Tenham confiança em vocês mesmos.

Seije os ajudará a organizar as suas finanças, algo que nunca lhes ensinei e que será necessário para que façam bom uso do que lhes deixo.

O doutor Marcondes, meu amigo e advogado, tem a chave do cofre do banco onde estão o testamento e outros documentos.

Legalmente, o testamento poderia ser aberto agora, mas eu gostaria que cumprissem a promessa que me fizeram. Se o abrirem hoje, não farão bom uso do que lhes deixo, por isso insisto que façam o que lhes peço.

Bel, cuida do meu jardim, por favor. Não gostaria de desapontar os inúmeros pássaros que diariamente visitam minhas flores.

Amo vocês e continuarei a amá-los de onde estiver.

Mamãe"

Viviane abraça o irmão, que está sentado ao seu lado. Fernando tenta se conter, mas não consegue impedir que algumas lágrimas escorram por seu rosto.

Seije esclarece que também não sabe quais são os desafios, nem que tipo de ajuda poderá oferecer a cada um, mas que acha que tudo ficará mais claro após a leitura de cada carta no próximo encontro.

Isabel passa as mãos no rosto e depois as esfrega no *jeans*, dando a entender que estava chorando. Viviane e Fernando a observam com ar de espanto, como se aquilo fosse totalmente incomum. Em seguida, Isabel avisa que vai sair para fumar.

– Alguma dúvida? Podemos agendar os encontros individuais? – pergunta Seije.

– Como mamãe pôde fazer o testamento no avião? – Fernando pergunta. – Nunca ouvi falar disso!

– Acredito que uma visita ao doutor Marcondes, um especialista no assunto, esclarecerá tudo – responde Seije.

Viviane pega a bolsa e retira um cartão de visitas.

– Está aqui o cartão que o doutor Marcondes me entregou no velório. Estava tão desnorteada que nem dei importância. Vou marcar um horário.

– Não podemos ler as cartas agora? – pergunta Fernando.

– Sinto muito. Faço um trabalho voluntário que se inicia daqui a pouco. Mas amanhã não tenho compromisso pela manhã. Gostaria de agendar?

– Amanhã não dá. Minha mulher não abre mão do domingo em família.

– Pode ser segunda ou quinta à noite.

– Segunda-feira às oito da noite?– pergunta Fernando.

– Combinado – responde Seije, enquanto faz anotações no seu *smartphone*.

– Eu gostaria de agendar para amanhã – pede Viviane –, assim a ansiedade não vai me corroer por muito tempo.

Do jardim, Isabel fala que também quer agendar para o dia seguinte.

– Então, às nove horas converso com Viviane e às onze horas com você. Pode ser? – pergunta Seije.

Isabel e Viviane concordam com os horários.

Antes de sair, Seije confessa estar honrado com o pedido feito por Sophia e garante que fará tudo que puder para auxiliá-los. Pelo pouco que a conheceu, acredita que a intenção deve ser boa. Em seguida se despede. Isabel lhe dá um abraço breve. Viviane, ao contrário, abraça-o com afeto, e Fernando, esboçando um sorriso, abraça-o dando-lhe tapinhas nas costas.

– *Namastê* – cumprimenta Seije, juntando as mãos e inclinando o tronco e a cabeça para a frente. Em seguida, retira-se.

Ao passar novamente pelo jardim, Seije agradece a Deus pelo encontro ter transcorrido com tranquilidade. Mentaliza aquelas rosas vermelhas em um buquê e as oferece a Sophia, onde quer que ela esteja. Passa pelo portão, e um vento leve derruba sobre ele algumas flores da primavera. Seije sorri, supondo ser Sophia agradecendo as rosas que enviou a ela em pensamento, e segue pela calçada, pensativo. Seu desafio é grande. Precisará conquistar a confiança de cada um, principalmente a de Isabel, que pareceu menos receptiva. Sophia já o havia prevenido de que não seria fácil. Aos poucos descobrirá cada um deles através de seu próprio olhar. Com certeza, Sophia conhecia bem os filhos e não propôs algo que pudessem rejeitar. Mas eles podem não aceitar o desafio e tudo acabar no próximo encontro. Melhor entregar essas questões ao universo e apertar o passo ou chegará atrasado ao próximo compromisso.

*diário do seije*

## 26/3

Hoje passei pela primeira prova de fogo: encontrar os filhos de Sophia. Após os próximos encontros, terei uma <u>noção concreta</u> do que é preciso fazer. Não sei se conseguirei ajudá-los ou mesmo se eles aceitarão ajuda, mas eu não podia negar um pedido de Sophia.

Ainda me aperta o coração pensar que ela partiu. Uma criatura que me apoiou, orientou, me fez rir num momento em que eu achava que nada mais valia a pena. Sophia me ajudou a continuar vivo e nada do que eu faça será suficiente para retribuir tudo o que ela fez por mim.

Farei tudo que puder da melhor forma para atender ao pedido dela.

### 26 de março, apartamento de Fernando

Fernando é o primeiro a ir embora após a conversa com Seije. Fecha o portão e olha para trás, com saudade dos tempos de criança, quando apenas se divertia e recebia os mimos da mãe. Sem pressa, caminha em direção ao carro. Tudo aquilo mexeu com ele e permanece em sua mente. A morte da mãe, o testamento, a herança inesperada, as regras do jogo, o mentor financeiro. Tentava encaixar as peças do quebra-cabeça, pensando na possibilidade de a mãe ter escondido a vida toda algo de valor. Tem muitas perguntas. Será que herdará uma quantia suficiente para cobrir as dívidas? Será que conseguirá cumprir o pedido da mãe? Já fracassou uma vez, quando montou uma empresa e faliu... E se fracassar de novo? O estômago começa a lhe doer.

Saiba mais no blog com a palavra-chave "empresário"

Abre o carro, senta-se, coloca o cinto e dá partida. O ponteiro da gasolina quase não se move. Precisa abastecer onde aceitem cartão de crédito, pois está sem um centavo na carteira. Sente-se exausto e se pergunta até quando vai suportar essa situação. Na próxima esquina há um posto de combustível onde ele para e abastece o carro, retomando o trajeto em poucos minutos. O caminho não é longo, mas o trânsito de São Paulo, mesmo nos fins de semana, torna qualquer percurso demorado. Liga o rádio e sintoniza no jogo de futebol.

Após alguns minutos chega ao prédio onde mora. No elevador, Fernando aperta insistentemente o botão. Está ansioso para contar as novidades em casa. Coloca a chave na porta e respira fundo, pois vai precisar de paciência com as filhas gêmeas de seis anos, Raíssa e Melissa, antes de poder conversar com a mulher.

Ao abrir a porta, sente um cheiro bom de comida e recebe as filhas, que vêm ao seu encontro em disparada. Acolhe uma em cada braço e as beija. Deixa as chaves no aparador e segue em direção à mesa, que já está posta.

– Papai, venha ver a delícia que a mamãe fez – Raíssa fala, puxando-o pela mão. Fernando se deixa levar por aqueles dois anjos loiros de olhos azuis que ele tanto ama.

Lívia aparece, trazendo os copos para colocar na mesa, com a expressão tensa. Fernando já sabe que ela está irritada e que vai falar o mínimo possível.

– Oi, amor.

– Por que demorou tanto? Em oito anos ainda não assimilou nosso horário de almoço?

O tom áspero de Lívia confirma sua suspeita quanto ao humor da mulher. Nos últimos tempos, sente-se cada vez mais solitário. São raras as vezes em que consegue fazer com que ela o ouça sem divagar ou inventar uma desculpa para interromper o assunto. Gostaria de voltar no tempo e ter sua companheira de volta. Aquela companheira que o admirava e lhe dava carinho e atenção.

– Desculpa, querida. Vou lavar as mãos.

Senta-se à mesa com a mulher e as filhas e começa a se servir em silêncio enquanto Lívia inicia o roteiro habitual, repreendendo as meninas o tempo todo. Ele concorda com uma boa educação à mesa, mas Lívia exagera e todos os dias repete as mesmas coisas: *Senta direito na cadeira, usa a faca, não derruba a comida, cuidado com a roupa, mastiga de boca fechada...* Um massacre.

Lívia se volta para Fernando e por instantes ele espera uma crítica. Surpreende-se. A mulher apenas pergunta como foi o encontro com o mentor financeiro.

– Correu tudo bem. Seije confirmou que minha mãe deixou um testamento.

– Pra que testamento? – reclama Lívia. – Não tinha nada além da casa pra deixar, ou tinha?

– Essa é minha dúvida. O que ela teria para nos deixar que possa nos enriquecer? Pensei em algum objeto com valor sentimental.

– Só faltava a essa altura da vida descobrirem que passaram tantos apertos financeiros por um capricho de sua mãe.

– Não fala assim, Lívia. – Fernando se expressa entre dentes.

– Pronto, o filhinho da mamãe já ficou melindrado.

Raíssa esbarra no copo de suco e o derruba.

– De novo, Raíssa! – Fernando ergue a voz, e a filha imediatamente começa a chorar.

– Agora vai descontar na menina? Guarda sua grosseria pra você – rebate Lívia, enquanto coloca guardanapos de papel sobre o líquido derramado.

– Olha quem fala. Você tortura essas meninas diariamente na mesa.

Melissa também começa a chorar com a discussão, e Fernando se retrata com voz suave.

– Desculpem, meninas, o papai não está bravo com vocês. Agora comam direitinho.

Raíssa enxuga o rosto e sorri, enquanto Lívia ajuda Melissa a arrumar a comida no prato.

Depois disso ouve-se apenas o som dos talheres nos pratos e as crianças falando com a mãe. Fernando come em silêncio.

Quando todos terminam, Fernando fala com as filhas em tom ameno, ainda tentando reparar o descontrole anterior. Ele detesta discussão, principalmente nas refeições.

– Muito bem, estão de parabéns. Comeram direitinho. Agora é hora de...?
– Escovar os dentes! – responde Melissa.
– Quem chegar por último é a mulher do sapo! – grita Raíssa.
As duas saem em disparada, apostando corrida.
Fernando mantém-se calado. Lívia rompe o silêncio:
– Será mesmo que sua mãe recebeu alguma herança?
– Não sei.
Lívia insiste na conversa.
– E o que vai fazer esse tal mentor financeiro?
– Ele deve nos orientar para atingirmos o objetivo proposto pela nossa mãe. Segundo a carta que lemos hoje, ela quer que organizemos nossa vida financeira para fazer bom uso da herança.
– Nando, eu não posso acreditar! Mesmo depois de morta sua mãe ainda dá ordens? Se ela tinha algo pra dar, que desse logo sem ficar fazendo esses joguinhos.
Fernando dirige um olhar raivoso para a mulher.
– Chega, Lívia! Prometi pra minha mãe, olhando nos olhos dela, que faria o que ela me pedisse e não quebrarei a promessa. Entendeu?
Lívia faz uma careta e balança a cabeça em reprovação, o que irrita Fernando.
– Qual o seu problema, Lívia? Ultimamente não consigo mais conversar com você. Qualquer tentativa acaba em críticas, ironias e deboches.
– Você quer saber? Então vou lhe dizer com todas as letras: o meu problema é você.
Fernando fica petrificado diante da resposta inesperada, enquanto Lívia continua seu discurso afiado com o olhar fixo nele.
– Casei com um homem bonito, inteligente, decidido, protetor, com um excelente emprego, com prestígio, que me dava joias no meu aniversário, que contratou duas babás quando tive as meninas e que sequer controlava meus gastos com cartão de crédito. Oito anos depois, tenho um marido fracassado que mal consegue suprir as necessidades da família.

Lívia silencia, mas seu olhar mantém a ira presente.

Fernando se vê menino, surrado pelo pai por não ter reagido a uma briga na escola. Lembra com nitidez que, enquanto batia nele, o pai gritava que ninguém gosta de fracassados. As cintadas lhe marcaram a pele, mas aquelas palavras tinham marcado sua alma.

Sentindo ressurgir dentro de si a mesma dor aguda, Fernando mal consegue falar.

— Um marido fracassado? É isso que sou pra você?

— E não é? Desde que se aventurou a ser empresário e tudo deu errado, a minha paz acabou. Aturo seu mau humor, não tenho mais vida social e, se não fosse a mesada que meu pai me dá, eu e as meninas andaríamos como mendigas. Não aguento mais esta droga de vida. Entendeu o meu problema agora? Não aguento mais esta droga de vida!

Lívia parece transtornada. Senta-se, apoia os cotovelos sobre a mesa de jantar e cobre o rosto com as duas mãos. Ouvem-se apenas os soluços.

Fernando engole em seco, cerra os punhos, fecha os olhos, respirando fundo. Tenta se acalmar. Está confuso. As palavras ecoam em sua mente. Vai até a sala, pega as chaves do carro. Tem vontade de sumir. Não suporta mais a pressão e a humilhação de Lívia, mas não se sente preparado para lidar com uma separação. Lívia nunca fora companheira nas horas difíceis, mas ele não se casou com ela por engano. Sabe o preço de ter uma mulher mimada: mantê-la no luxo, como uma rainha. É o tipo de mulher que todos gostariam de ter para exibir como um troféu, mas cujos caprichos poucos conseguiriam satisfazer. Sente-se de certa forma orgulhoso por tê-la conquistado, quer crer que ela o ama de verdade, mas ela acaba de demonstrar que seu amor não é suficiente para resistir a uma crise financeira. Mesmo assim, não consegue imaginar a vida sem ela e sem as filhas. Tudo o que deseja é poder lhe dar todos os mimos para vê-la feliz novamente. Quem sabe, com aquela herança, tudo voltaria ao normal? Não vale a pena pôr o casamento em risco justo agora que uma possível solução estava por vir. Larga as chaves. Não vai fugir. Com o tempo, vai provar que não é um fracassado.

**26 de março, apartamento de Isabel**

Isabel entra em seu apartamento, e Bud a recebe. O cão labrador de oito anos tem o dom de transformá-la em uma criatura dócil e bem humorada.

– Calma, Bud, já vou dar sua comida, mas me deixe fechar a porta, por favor.

Bud se afasta e senta-se, comportado e com ar alegre.

– Bom menino! Parece um lorde inglês de tão educado.

Ele se levanta e abana o rabo. Sabe que está sendo elogiado.

Isabel coloca a comida na vasilha e conversa com o cão, alisando-lhe os pelos do dorso. Bud começa a comer, e Isabel solta-se no sofá, pensativa.

O que dona Sophia reservava para ela? Como ela pôde esconder algo valioso por tanto tempo? Será uma fortuna recente? Será que ela ganhara na loteria e não contara para ninguém? Não, essa não era a dona Sophia. Provavelmente recebera alguma herança de seus parentes e por isso quis ir até a ilha da Madeira. Será que herdaria um imóvel na ilha da Madeira? Ah, isso seria o paraíso.

– Bud, já pensou a gente morando na ilha da Madeira? Íamos ficar bem felizes lá, você não acha?

Bud late e balança o rabo como que entendendo e concordando.

– Sonhar não custa nada. Mas dona Sophia não ia me dar essa mamata depois de uma vida inteira de discordâncias – diz em voz alta, olhando para o cachorro.

O jeito direto de falar, sem usar meias palavras ou tentar colocar panos quentes, fazia com que fosse rotulada como uma pessoa ácida, desalmada. Sua mãe, seus irmãos, seus amigos, seus ex-namorados, todos a criticavam. O tempo todo lhe cobravam atitudes "normais", mas ela se recusava a ser mais uma hipócrita fingindo ser feliz.

Fecha os olhos e mergulha em pensamentos, questionando-se se realmente seria uma pessoa má ou apenas alguém que pensa fora do quadrado. Seu estilo de vida simples não permite futilidades, e ela vive com o essencial. Adora viajar, e seu lema de vida é que todos os seus pertences pessoais caibam em duas malas. Está sempre pronta para novas experiências. Vegetariana, pratica consumo consciente e gosta da natureza e de animais. Só não consegue se livrar do maldito cigarro. Vê a si mesma como uma pessoa do bem, mas não consegue ter bons relacionamentos. Sempre surge algum conflito. Financeiramente, não é uma perdulária. Vive com pouco, mas nos últimos tempos nem o pouco consegue ter. Recentemente, a necessidade de uma cirurgia para retirar um tumor da pata direita de Bud consumiu as reservas que restaram do último projeto em que trabalhou. As despesas com Bud aumentam seus gastos no cartão de crédito a cada mês. De agora em diante está sem nada, absolutamente nada e com todas as contas para pagar.

Saiba mais no blog com a palavra-chave "consumo consciente"

Bud, agora de barriga cheia, deita sobre seus pés no sofá. Ela o acaricia e fala como se ele fosse uma pessoa. Bud é sua companhia preferida.

– Se dona Sophia estivesse viva, com certeza ajudaria, mas também faria sermões irritantes, querendo me enquadrar no padrão de vida que ela acreditava ser o melhor.

Isabel é tomada por lembranças do passado.

Desde que se deu por gente até então, o pai nunca foi carinhoso com ela e sempre deu preferência aos seus irmãos, mais bonitos e inteligentes. Ela sempre foi o patinho feio, a ovelha negra, a burra e tantos animais quanto existem para designar sua inferioridade. Não tem um físico que chame atenção, não tem olhos azuis e, nos estudos, jamais foi uma aluna exemplar.

Saiba mais no blog com a palavra-chave "autoestima"

Nunca superou o sentimento de rejeição por ser diferente, por não gostar do que todos parecem gostar e querer: luxo, sucesso, *status*. Quer uma vida simples e feliz, junto da natureza. As pessoas próximas nunca percebem que a frieza e a aridez nas palavras sempre foram uma defesa contra a rejeição sentida. No fundo quer ser dócil, ser querida, amada e também amar.

Bud desce do sofá e derruba com o rabo um anel que está na mesa de centro. O som do metal tilintando no chão traz a mente de Isabel de volta para o presente.

— Como não pensei nisso antes, Bud? Será que dentro do cofre do banco tem uma caixa cheia de joias para dividirmos? Com certeza há algo precioso, ou dona Sophia não pediria para aprendermos com Seije como fazer bom uso do que ela nos deixou. Não acha, Bud?

Bud late, efusivo, balançando-se todo. Isabel continua pensando em voz alta.

— Ah, mas esse negócio de cumprir isso ou aquilo... Estou fora. Se ela pensa que vai me manipular mesmo depois de morta, está enganada. Quero abrir esse testamento rapidinho.

Voltando-se para Bud, ordena que ele busque a coleira para saírem.

**26 de março, apartamento de Viviane**

— Bom dia, Jorge. Tem alguma correspondência?
— Não, dona Viviane, mas seu pai esteve aqui. Ele pediu pra senhora ligar.
— Meu pai? Poxa, quem é vivo um dia aparece. Que bom! Vou ligar pra ele. Ele não subiu pra ver as crianças?
— Não, senhora. Disse que estava com pressa.
— Muito obrigada, Jorge.
Viviane está tão imersa em seus pensamentos que nem percebe que está tentando abrir a porta com a chave errada. Ouve a agitação dos filhos e fica nervosa. Toca a campainha insistentemente.
— Quem é?
— Sou eu, Carla, a mamãe. Não consigo abrir a porta.
— Calma aí, mãe, vou pegar a chave.
Carla abre a porta.
— Que bagunça é aquela que eu estava ouvindo do lado de fora?
— Esse babaca desse moleque fica pegando minhas coisas. Fui obrigada a dar uns safanões nele.
Viviane se irrita.

– Quantas vezes já falei para não bater no seu irmão? – repreende Viviane, arregalando os olhos e com a voz firme. – Olhe o seu tamanho! Com doze anos e ainda não tem juízo? Ele só tem sete anos, é pequeno!

Carla repete as palavras da mãe com ar de deboche e com a mesma intensidade.

– "Ele só tem sete anos, é pequeno..." Argh! E pode tudo!

– Não admito que fale nesse tom comigo. Sou sua mãe e exijo respeito.

– Respeito não se exige, dona Viviane, se conquista.

– Vai para o seu quarto agora e só saia quando eu mandar, entendeu? Quando *eu mandar*!

Os gritos ainda ecoam em sua mente, e Viviane cai em si. Está descontrolada. Sua vida está um caos. Tudo por culpa do ex-marido, aquele inconsequente. Solta o ar de uma vez e as lágrimas escorrem.

– Mamãe, não chora. Desculpa, eu não fiz por mal – suplica Felipe.

– Não estou chorando por sua causa, filho. Estou cansada e cheia de problemas – ela esclarece, abaixando-se até a altura do menino.

Felipe abraça a mãe e promete que não vai mais provocar a irmã. Viviane aceita o abraço, mas exige que ele vá pedir desculpas a Carla. Felipe sai, e Viviane vai para o banheiro. Senta-se sobre a tampa do vaso sanitário e chora baixinho. Deixa as lágrimas rolarem para aliviar a alma. Sente-se sobrecarregada e, ao mesmo tempo, vazia.

Sempre foi muito precoce, mas responsável. Com dezenove anos, engravidou e casou-se. Aos vinte e um, formou-se em administração. Seu ex-marido, Rodrigo, quatro anos mais velho, formado em economia, foi quem cuidou das finanças do casal. Durante anos, ela juntou uma quantia para fazer um MBA. Entusiasmado com o resultado que vinha obtendo na bolsa de valores, Rodrigo aplicou tudo em ações. Do dia pra noite, quase tudo virou pó. A crise *subprime* causou um efeito dominó nas bolsas do mundo todo. Rodrigo ainda perdeu o emprego, pois trabalhava num banco americano que quase quebrou. Ela jamais o perdoou por ter arriscado suas economias e perdido quase tudo. A ganância e o excesso de otimismo o cegaram, mesmo com todo o conhecimento técnico que possuía. Assim, o casamento de treze anos ruiu junto com a bolsa de valores.

Tudo aconteceu muito rápido. Sua mãe adoeceu, ela e Rodrigo se divorciaram, seu padrão de vida despencou e ela ainda ficou com a carga de criar os filhos sozinha. Quando pensou que a mãe estava curada, foi surpreendida com uma recaída e em seguida sua morte. A vida estava sendo madrasta. Será que essa fase iria acabar agora? Será que aquela herança lhe devolveria a tranquilidade de ter uma vida financeira equilibrada e segura? Teria de continuar vivendo para obter as respostas.

Viviane se levanta, segue para a pia, começa a tirar a maquiagem, lava o rosto e, ao fitar-se no espelho, lembra que o pai pediu para ligar. Sai do banheiro e pega o celular.

– Pai?

Viviane mal pode acreditar que o celular está despertando. A noite foi péssima, com um longo período de insônia. Espreguiça-se e vai para o chuveiro. Precisa estar disposta para logo mais se encontrar com Seije. Enquanto se ensaboa, pensa no abraço carinhoso que ele lhe dera no dia anterior. Ele a surpreendera com sua aparência despojada e sua sensibilidade. Imaginou que seria um oriental engravatado e frio, manejando com destreza uma calculadora financeira grudada na mão. Em vez disso, encontrou um homem de expressão dócil, com olhos castanho-esverdeados, levemente puxados, pele bronzeada, vestindo *jeans* e tênis. De fala firme, porém com um tom que transmite segurança e conforto.

Minutos depois, já enrolada na toalha, Viviane vai escolher uma roupa no *closet*, todo organizado por cores.

O celular toca. Quem seria àquela hora da manhã de um domingo?

– Bom dia, Viviane. É Seije. Desculpe ligar, mas tenho o hábito de confirmar meus compromissos antes de sair de casa.

Viviane prende o celular com o ombro enquanto pega um vestido na parte das roupas amarelas.

– Bom dia, Seije. Está confirmado, sim. Às nove na casa da mamãe. – Ao desligar, sente vontade de rir. Pelo visto, Seije é todo metódico como ela.

Mais disposta e animada, Viviane separa uma sandália que combina com o vestido e inicia seu ritual com hidratante corporal, cremes para o rosto, creme para os pés, secador de cabelos, prancha, maquiagem, acessórios e, por último, um toque de seu perfume predileto.

Faz tudo de forma sistemática. Logo que se apronta, consulta novamente as horas no celular. Não vai dar tempo de tomar café. Ainda bem que o ex-marido pegou os filhos na noite anterior e ela pode ir ao encontro despreocupada. Como que ouvindo as recomendações da mãe, que sempre dizia para verificar se está tudo desligado antes de sair, ela dá uma olhada geral, pega a bolsa e dirige-se à porta.

Ao chegar na garagem, Viviane vê um carro estacionado atrás do seu. O sangue ferve. Ela interfona para o porteiro com a voz alterada, exigindo que venham tirar o carro imediatamente. Ele responde que vai chamar o dono do carro. Viviane enfatiza ao porteiro que tem um compromisso e já está atrasada. Enquanto espera, inquieta, anda em volta do carro com vontade de chutar o pneu, mas apenas pragueja, inconformada por aquele carro estar no seu caminho. Já ia pegar o interfone de novo quando aparece um rapaz sem camisa, despenteado, só de bermuda e descalço, bocejando, com uma chave na mão.

– Bom dia – diz ele, abrindo a porta do carro.

– Que irresponsabilidade! E se eu estivesse com uma pessoa infartando para levar para o hospital?

– Calma, dona. Cheguei e tinha um carro na minha vaga. Eu não tenho...

Viviane, impaciente, interrompe o rapaz.

– Vai logo, vai logo e me deixa sair que estou atrasada.

O rapaz manobra o carro, e Viviane acelera para fora da garagem.

Antes de dobrar a rua o celular toca. Seria Seije outra vez?

Respira fundo e deixa o celular tocar. Ao parar em um semáforo, vê que a chamada é de seu pai e retorna a ligação.

– Bom dia, pai, o que aconteceu?

– Estou bem, só queria saber se está indo encontrar o tal mentor financeiro.

– Sim, e estou atrasada. Por quê?

– Fiquei matutando sobre o que me contou ontem do testamento de sua mãe. Se eu não estiver incluído nele, penso em impugnar. Durante muitos anos sustentei essa família e me vejo no direito de fazer parte da herança também.

– Só pode estar brincando! Vocês eram separados.

– Estou falando sério, muito sério. Vou atrás dos meus direitos. Pode avisar seus irmãos e o tal mentor.

– O semáforo abriu. Te ligo depois.

Viviane joga o celular no banco do passageiro e bate no volante com as duas mãos. Não pode acreditar que o pai esteja falando sério. O frio na boca do estômago, ainda vazio, vem com arrependimento de ter contado a ele sobre o testamento. Agora mais um problema para administrar. Após anos sem contato, seus irmãos o reencontrariam numa posição de disputa por algo que sequer sabem o que é. Deveria ter se lembrado do conselho da mãe, que sempre dizia ser o travesseiro nosso melhor confidente. Coça a cabeça, lamentando profundamente ter desabafado com o pai.

Vinte minutos depois, Viviane estaciona na casa da mãe. Seije já está parado ao portão com a mochila nas costas. Parece reluzir dentro de uma camiseta branca que contrasta com seu bronzeado. A admiração é interrompida pelo barulho da roda raspando na guia. Viviane solta um palavrão involuntário, realinha o carro e sai.

– Me desculpe o atraso, detesto deixar as pessoas me esperando, mas não teve jeito.

– Fique tranquila. Já chegou. Está tudo bem.

Os dois passam pelo jardim, e Viviane avisa que vão entrar pela cozinha, pois a chave da sala ficou com Isabel. Seije a acompanha, comentando que a cozinha é sempre o melhor lugar da casa.

– Que tal um café enquanto conversamos? Estou com o estômago roncando.
– Pode ser.

Viviane abre a porta, em seguida abre a cortina e a janela. Deixa a bolsa sobre a cadeira e se apressa em colocar o pó de café e a água na cafeteira. Seije coloca a mochila em outra cadeira e fica na porta, olhando o quintal.

– Que árvore é aquela? – aponta.
– É um pé de acerola. Mamãe adorava mexer com a terra. Lá no fundo tem uma horta e um canteiro de ervas.
– Fazia tempo que não apreciava o colorido da natureza. Gosto do contraste da terra com o verde e o azul ao fundo. Esta cozinha tem uma vista privilegiada.

Viviane não diz nada. A mente está ocupada, relembrando as palavras do pai, que a deixaram mal. Abre o armário em busca de biscoitos e encontra o caderno de receitas da mãe. São segredos de família, passados de geração em geração. Viviane pega o caderno, alisa-o carinhosamente e o deixa sobre o balcão. Convida Seije para sentar e acomoda-se em silêncio, pensando ainda no pai e remoendo sua culpa pelos transtornos futuros.

A pergunta de Seije a desperta.

– Aconteceu alguma coisa? Você parece tensa.
– Várias! – reponde Viviane, voltando-se para Seije e apoiando a testa sobre a mão esquerda.

Ela relata o episódio da garagem e o telefonema do pai. Explica que só ela mantém contato; Fernando e Isabel não falam com ele desde a separação. Na noite anterior, após chegar em casa, sentiu-se sozinha. Precisava compartilhar com alguém tudo o que estava acontecendo e telefonou para o pai. Em nenhum momento imaginou que ele poderia querer impugnar o testamento, já que não é herdeiro por direito. Agora já podia pressentir que arrumara mais um grande problema e sinceramente não tinha forças para mais nada. Seus irmãos iriam martirizá-la por isso.

Seije se levanta, coloca a xícara sobre a pia e sugere que ela consulte o advogado que fez o testamento de Sophia. Ele poderá informar se o pai pode ou não impugnar o testamento. Até conseguir essa consulta, Seije acha melhor Viviane não falar nada aos irmãos, evitar esse assunto com o pai e relaxar, pois não vale a pena sofrer por antecipação.

Viviane acata a sugestão e agradece por ele tê-la escutado. Conversar sempre a deixa mais aliviada.

Seije então pergunta:

– Está pronta pra ler a carta de sua mãe?

– Não sei se estou pronta, mas quero ler.

Seije pega a mochila e retira dela um envelope branco. Com as mãos trêmulas, ela pega o envelope, coloca-o junto do coração, respira fundo e abre-o com cuidado. Seja o que for que ali estiver escrito, é de sua mãe. Uma recordação para sempre.

Devagar, retira as folhas de dentro do envelope e sente o perfume da mãe. Parece que Sophia está pairando por ali junto com a brisa que entra pela porta da cozinha.

"Querida filha,

Quando você ler esta carta, já terei partido. Nossa convivência sempre foi ótima, e imagino que deva estar com saudade e sentindo a minha falta. É o que eu sentiria se estivesse no seu lugar. Você sempre foi meu porto seguro. Quem não te conhece acredita que você é uma mulher segura, independente e com solução para tudo. Mas sei da sua fragilidade e sei que deve estar sofrendo muito desde sua separação. Minha doença acabou não deixando tempo para você chorar e se lamentar.

Como último conselho: exija menos de si e também dos que estão ao seu redor. A vida não pode ser rígida, tem de ser flexível e leve. Descobri isso um pouco tarde, mas há tempo para você.

Percebi quanto se martiriza pelo erro do seu ex-marido. A perda financeira acabou com o seu casamento e sinto que você lamenta apenas o dinheiro do MBA e o padrão de vida que perdeu. Não a vi lamentar pelo amor, pelo afeto, pela companhia, pela amizade, o que me faz crer que talvez seu casamento já tivesse terminado e a crise financeira tenha tornado isso evidente para você.

Filha, dinheiro é passageiro, não se deixe abalar tanto pelas perdas. Perdoe seu ex-marido, ele ama tanto você e os filhos que não faria nada para prejudicá-los. Se não o perdoar, carregará o fardo da mágoa pela vida afora. O que já aconteceu não vai mudar, mas você terá condições de mudar seu futuro. Você é jovem e pode recuperar o que perdeu.

Por isso aqui vai meu desafio: organizar-se financeiramente, colocar a vida em ordem e se matricular no MBA que tanto deseja fazer. Agora mais do que nunca, você precisa aumentar seus recursos financeiros para tocar sua vida e a de seus filhos.

Siga os conselhos do Seije e verá que em breve conseguirá multiplicar seu dinheiro de forma mais segura e realizar esse sonho. Esse aprendizado será importante para você administrar melhor o que lhe deixo em testamento.

Com a sua determinação não será difícil. Mas lembre-se de ser flexível quando necessário.

Te amo e continuarei te amando de onde estiver.

Mamãe"

Viviane recosta-se na cadeira e chora. Seije vai até o filtro, enche um copo com água e o oferece a ela.

– Obrigada, Seije. Me desculpe. É muita emoção. Apesar dos puxões de orelha, sinto o carinho da mamãe comigo. Como ela pôde pensar em mim em um momento tão doloroso pra ela? Qualquer pessoa no lugar dela se entregaria à autopiedade, mas ela usou seus últimos momentos pra me aconselhar, pra tentar me ajudar a ser uma pessoa mais feliz.

Viviane entrega a carta para que Seije leia enquanto vai ao banheiro lavar o rosto e se recompor. Ao retornar, Viviane percebe a fisionomia séria e pensativa de Seije.

— Então, Seije, como vamos enfrentar esse desafio, já que o máximo que faço de controle financeiro é tirar extrato bancário?

— Grande desafio! Vou ter que me inteirar de suas finanças pra poder orientá-la, inclusive pra identificar a melhor forma de multiplicar seu dinheiro.

— Não sei por onde começar. Meu ex-marido sempre cuidou desse assunto. Só sei que estou no vermelho. Parece impossível fazer sobrar dinheiro para o MBA.

Seije explica para Viviane que vai acompanhá-la passo a passo e por isso ela não precisa se preocupar. Tudo vai fluir naturalmente, respeitando as limitações dela. Vão começar com um questionário, que ela deverá responder por e-mail antes do próximo encontro.

Confira na página 225 ou acesse aqui

— E quando nos vemos de novo? No próximo domingo? – pergunta Viviane

— Domingo fica bom para você?

— Sim, pois as crianças passam o dia com o pai.

— Então no próximo domingo, no mesmo horário, nos vemos aqui mesmo?

— Sim, vou aproveitar esses encontros para abrir a casa e arejá-la. Bel virá a cada quinze dias cuidar do jardim e vamos nos revezando. Por falar em Bel, está quase na hora de atendê-la. Quer esperá-la na sala enquanto dou um jeito por aqui? O sofá é mais confortável.

— Lógico!

— Saia pela porta que dá para o corredor e vire à esquerda.

Viviane começa a lavar as xícaras e se lembra das palavras da mãe. Com certeza seu casamento terminou antes da crise financeira. Arrepende-se de ter casado jovem e imatura e por ter assumido grandes responsabilidades muito cedo. Com seu perfil perfeccionista, não se permite relaxar, cobra-se o tempo todo que a casa esteja em ordem, que os filhos sejam exemplares. Sempre preocupada com a imagem que os outros fazem dela, necessita ser reconhecida como boa dona de casa, mãe, mulher. Profissionalmente, não é diferente. É muito exigente consigo mesma e busca sempre aprovação e reconhecimento. Seu ex-marido é o oposto. Tranquilo, não quer muito esforço e sempre fala que quem trabalha muito não tem tempo para ganhar dinheiro. Viviane detestava esse discurso, que sempre era dado quando ela trazia trabalho para fazer em casa no fim de semana. No entanto, diante da única grande responsabilidade que delegou ao marido, ele falhou. Fica nervosa só de lembrar. A separação realmente foi a melhor escolha. Mais madura, agora quer um marido protetor, que divida com ela as responsabilidades como um todo. Que não a desautorize na frente dos filhos, que a respeite e principalmente que a admire.

Mas isso fica para depois. Agora tem um desafio pela frente, que pouco lhe agrada, mas que a motiva com a ideia de independência, de poder administrar o próprio dinheiro e principalmente de ter um mentor financeiro para orientá-la. Termina de arrumar tudo e ouve a voz de Isabel.

**27 de março, casa de Sophia**

Isabel abre a porta da sala. Seije está sentado no sofá, mexendo no celular. Imediatamente ela puxa a coleira de Bud, que começa a latir. Dando comando para que o cão se acalme, ela cumprimenta Seije, que se aproxima e faz um carinho em Bud. O animal corresponde abanando o rabo.

– Lindo cão. Quantos anos ele tem? – pergunta Seije

– Oito.

Viviane entra na sala e vê Bud junto de Isabel.

– Nossa, temos visita especial hoje!

– Passamos no veterinário e não deu tempo de deixá-lo em casa.

Viviane se aproxima de Bud.

– Ele está com algum problema?

– Está com um abscesso na articulação da pata da frente que está dificultando um pouco os movimentos. Vamos ter que fazer uns exames para averiguar se é um tumor maligno antes de pensar em cirurgia.

Viviane lamenta, pede que Isabel a mantenha informada e se despede, avisando que sairá pela cozinha.

Isabel pergunta a Seije se ele se importa se Bud ficar solto, ao que ele responde que não. Bud abana o rabo efusivamente tão logo se vê livre da coleira, e Isabel o chama até a cozinha para beber água. Bud encolhe a pata doente e a segue trotando.

Em seguida, Isabel volta da cozinha com o caderno de receitas da mãe nas mãos e o deixa sobre a mesa da sala.

– Podemos começar? Estou curiosa para saber o que dona Sophia reservou para mim. Como se não bastassem os desafios que a vida me impõe, vou ter que encarar mais um.

– Fique tranquila. Você vai ver que tudo isso vai ajudar de alguma forma.

– Você é suspeito para falar, era amigo dela. Mas espero que tenha razão.

Seije entrega o envelope para Isabel. Colocando-o contra a luz, ela o rasga na lateral e retira dele uma folha. Sentindo o perfume da mãe, reclama:

– Vou começar a espirrar com este cheiro. Ela sabia que eu tenho rinite. Será que fez de propósito?

Isabel espera um comentário, mas Seije mantém-se calado e sereno. A crítica a Sophia não o afetou, o que demonstra imparcialidade. Isabel volta-se para a carta e começa a leitura.

"Querida Bel,

A vida nos uniu como mãe e filha e sei que para você isso nunca foi muito confortável. Confesso que sempre tive dificuldade de lidar com seu jeito de ser – determinada, sem papas na língua, mas com uma essência maravilhosa. Sempre admirei a maneira como você defende suas ideias, mas também sempre me preocupei com sua impulsividade. É natural os pais se aproximarem dos filhos com quem são mais parecidos, que gostam das mesmas coisas. Você me desafiou a amar o diferente e posso dizer que consegui. Agradeço a Deus por tê-la como filha.

Apesar de nossas diferenças temos algo em comum: adoramos cozinhar. Sua criatividade sempre deixa as receitas melhores. Você é uma *gourmet* nata e gostaria que explorasse isso melhor.

Você se formou em biologia, sei que adora trabalhar com sustentabilidade, que vivencia isso no dia a dia. Com você aprendi a ser uma consumidora mais consciente e tenho certeza de que o planeta precisa de pessoas assim, mas também sei que você conseguiria aplicar tudo o que sabe sobre sustentabilidade em uma cozinha industrial, fazendo o que gosta, e que teria enorme sucesso.

Portanto, meu desafio para você, que está sem trabalho, é procurar emprego em um restaurante português e mostrar tudo o que sabe fazer. Somente após passar pelo período de experiência no novo emprego e economizar o suficiente para fazer uma viagem, o testamento poderá ser aberto. Seije ajudará você. Tudo isso será fundamental para o que lhe deixo no testamento.

Filha, de onde estiver, continuarei te amando, mesmo que você não acredite.

Mamãe"

Assim que termina de ler a carta, Isabel ouve o barulho de algo se quebrando. Larga a carta sobre o sofá e sai chamando Bud. Isabel vê no corredor um pote de cerâmica quebrado, que provavelmente foi derrubado por Bud. Ela ralha com ele, que deita no chão e abaixa os olhos para mostrar inocência. Seije pergunta se ela precisa de ajuda. Isabel agradece, mas diz que não foi nada; e volta para a sala.

— Enquanto você foi ver o que aconteceu, eu li a carta — diz Seije. — O que achou?

— Nem sei o que dizer. Nunca imaginei que ela admirasse algo em mim. Na verdade estou surpresa, muito surpresa.

— Não deveria, Sophia sempre falava dos filhos com muita admiração. Pelo menos para os amigos.

— Só para os amigos, porque para mim sempre sobravam críticas e mais críticas.

– E quanto ao desafio?

– Maluquice de dona Sophia. Ela devia estar variando com os remédios fortes que tomava.

– Será que não é você que não percebe ou não acredita no talento que tem?

– Só sei que, mesmo com diploma e pós-graduação, não consigo emprego na minha área, o que dizer de zerada em formação e experiência comprovada? Viajou bonito. Estou ferrada.

– O que você tem a perder se tentar?

– Meu tempo.

– Vamos encarar seu tempo como um investimento.

– Preciso pensar. O problema do Bud furou todos os meus planos.

Bud se aproxima e deita a cabeça no seu colo. Ela o acaricia.

Seije faz uma proposta.

– Que tal pensar melhor e nos falarmos durante a semana? Enquanto isso, mandarei por e-mail um questionário sobre suas finanças para você responder antes do próximo encontro. Preciso saber de que forma posso te ajudar. Tudo bem?

– Se tiver tempo, respondo.

Isabel observa que Seije não se afeta com o pouco caso da resposta. Tranquilo, apenas notifica que tem outro compromisso e se despede com um *namastê*, sua reverência oriental.

Isabel pega vassoura e pá para recolher os cacos espalhados pelo corredor. Tem que arranjar um jeito de ver logo esse testamento. Está precisando de dinheiro para cuidar de Bud. Quem sabe essa herança não a ajude a pagar um bom tratamento para ele? Bud deu um novo sentido à sua vida, e perdê-lo seria doloroso demais. Começa a chorar, mas ela estanca as lágrimas com as mãos. Detesta sentimentalismos, tem que ser prática e pensar como conseguir dinheiro para o tratamento de Bud. Será que o tal mentor financeiro a ajudaria a sair dessa enrascada? Olha para o caderno de receitas da mãe, que encontrou por acaso na cozinha, e pensa na possibilidade de trabalhar com culinária portuguesa.

 Realmente, cozinhar lhe dá prazer, mas ela sempre encarou isso como passatempo. Será que poderia ser reconhecida e ter bons ganhos trabalhando com gastronomia? Só saberá se tentar. Investir seu tempo é o mínimo que pode fazer para tentar reverter a situação financeira em que se encontra. Liga para Seije e pede que ele vá até a casa dela na quarta-feira à noite para conversarem.

*diário do seije*

27/3

Estou mais aliviado. Após a leitura das cartas de Viviane e Isabel, já sei que tipo de trabalho posso fazer com as duas.

Em ambas as cartas, Sophia pede providências para que elas melhorem a vida financeira para fazer bom uso do que receberão. Talvez Sophia tenha deixado algum patrimônio que exija boa administração e por isso quer que cada uma aprenda a cuidar dos próprios recursos antes de administrar algo maior. O fato é que não tenho ideia do que compõe essa herança.

Pelo conteúdo da carta de Viviane, Sophia dá a entender que a filha se colocou no papel de vítima na separação. Isso é ruim. FICAR NO PAPEL DE VÍTIMA É FICAR COM A VIDA ESTACIONADA. A pessoa fica amarga, vive se lamentando do que lhe aconteceu e nada muda. Para a vida fluir e melhorar, precisamos <u>viver no presente</u>, com nossas possibilidades, e seguir em frente. Aprendi isso na prática.

Na carta de Isabel, Sophia a incentiva a perceber <u>os talentos que tem</u>. Pelo comentário de Isabel após a leitura da carta, percebi que ela tem muitos ressentimentos contra a mãe. O que Isabel não imagina é como esses sentimentos podem interferir na vida financeira. LIDAMOS COM NOSSOS RECURSOS FINANCEIROS USANDO AS EMOÇÕES MUITO MAIS DO QUE A RAZÃO. Se ela permitir que eu a ajude, será um trabalho desafiador.

### 28 de março, na livraria

Nas amplas calçadas da Avenida Paulista, o movimento é intenso. Enquanto aguarda na faixa de pedestres, Fernando dobra as mangas da camisa e afrouxa o nó da gravata. Mais pessoas vão se aglomerando. Jovens com fones de ouvido, outros com seus *skates*. Turistas com câmeras digitais à procura do Masp observam os *hippies* que vendem seu artesanato. Executivos, sem dúvida, dirigem-se para o *happy hour*. Alguns segundos parecem uma eternidade sob um ar tão quente e pesado. O semáforo abre para os pedestres, e Fernando caminha desviando-se das pessoas que vêm em sentido contrário. Segue para a direita. Entra em uma livraria, em cujo café encontrará Seije.

O ar-condicionado e os mostruários de eletrônicos o transportam para um paraíso. Examina com os olhos os *notebooks* com tamanhos e preços cada vez menores, em seguida os *tablets*, depois os *smartphones*. Tantas possibilidades!

— Posso ajudá-lo, senhor? — pergunta um vendedor atencioso.

— Obrigado. No momento só estou admirando.

Fernando ouve o toque do celular e o tira do bolso. Uma nova mensagem informa mais um gasto com o cartão de crédito. Preferia tê-la ignorado. Mais um capricho de Lívia, que lhe custou seiscentos reais em três parcelas. Fica transtornado. Anda inquieto de um lado para outro, passa a mão na cabeça, recusando-se a acreditar que ela teve coragem de gastar aquele dinheiro. Por mais que ele fale, peça cooperação e explique todas as dificuldades, o efeito parece contrário. Tem vontade de jogar o celular longe, mas apenas o desliga, apertando o botão com força desnecessária. Sente-se expulso do paraíso e imerso no purgatório compulsoriamente.

Consulta o relógio e se dirige ao café.

Minutos depois, passa pelo setor de livros, sobe o lance de escada e encontra Seije já sentado, entretido com uma revista.

– Faz tempo que chegou?

Seije ergue os olhos e devolve a revista à mesa.

– Olá, Fernando, tudo bem? Cheguei há alguns minutos apenas. Você foi pontual.

– Trabalho a poucas quadras daqui. Vim a pé, deixei o carro na empresa. Se não se importar, vou pegar um suco, preciso beber algo. Quer alguma coisa?

– Pode ir, irei em seguida para não perdermos a mesa. O espaço aqui é concorrido.

Fernando se dirige ao caixa e em seguida volta para a mesa onde será servido seu pedido. Pergunta da carta de sua mãe, e Seije lhe entrega um envelope. Uma garçonete coloca sobre a mesa um copo com suco de goiaba gelado. Fernando agradece. Olha para o envelope e, antes de abri-lo, aproxima-o do rosto. Ele sente o perfume que a mãe usava. Um perfume barato, diferente das marcas caríssimas que sua mulher usa e que talvez fizessem parte da extravagância do dia. Aquele cheiro lhe remete à segurança e ao bem-estar que Sophia lhe proporcionou a vida toda. Algo mágico.

– Se incomoda se eu começar a ler? Estou curioso.

– Fique à vontade. Vou pedir alguma coisa para beber.

Seije se levanta e vai até o caixa.

Na ânsia de algo que lhe devolvesse a tranquilidade, Fernando puxa a lapiseira do bolso da camisa e usa sua ponta para rasgar a lateral do envelope. Retira a folha de papel e a desdobra com cuidado.

"Meu querido filho,

Como sinto ter que partir e ficar longe de você. Você foi especial em minha vida. Sempre estudioso, ajuizado e responsável. Um orgulho. Eu adorava ir às reuniões da escola para receber elogios. Mas os filhos crescem e fazem suas escolhas, e isso foi o mais difícil pra mim.

 A escolha de Lívia como mulher não foi fácil pra mim, pois ela era tão possessiva que impedia nosso relacionamento. Mas sempre quis te ver feliz e entendi, pelas renúncias que fez para se casar com ela, que estava realmente apaixonado. Como mãe, no entanto, tenho que dizer que o olhar de um homem apaixonado às vezes não consegue enxergar com clareza algumas coisas importantes. O comportamento de Lívia e sua crise financeira cada vez pior chamaram a minha atenção, por isso meu pedido talvez não lhe agrade muito.

 Quero que busque um profissional para orientá-lo sobre compradores compulsivos. Acredito que seja um bom caminho para aprender a lidar melhor com Lívia e evitar que suas princesas sigam pelo mesmo caminho.

> Saiba mais no blog com a palavra-chave "compra compulsiva"

 Não gostaria que tomasse isso como crítica de mãe ressentida. Por te amar, quero que seja feliz com suas escolhas. Seu casamento correrá o sério risco de acabar se não tiver dinheiro para satisfazer os caprichos de sua amada. Quero que pergunte a si mesmo: Lívia é ou não uma compradora compulsiva? Se for, o que pode fazer para ajudá-la, já que compulsão é uma doença? Se não for, como ajudá-la a consumir com mais consciência? E também, com a ajuda do Seije, deverá renegociar suas dívidas, que sei não serem poucas.

 Depois dessa pesquisa sobre compradores compulsivos e a renegociação das dívidas, o testamento poderá ser aberto. Tudo isso será muito importante para que faça bom uso do que lhe deixo.

Nunca se esqueça de que, antes de ser meu filho, você é filho de Deus, que tudo pode em seu amor. Fortaleça sua fé e se sentirá amparado.

Te amo, filho, e continuarei te amando de onde estiver,

Mamãe"

Fernando coloca a carta na mesa, toma um pouco do suco e tenta disfarçar a emoção ao ver Seije se aproximando.

– Já leu?

Fernando apenas sinaliza que sim com a cabeça e entrega a carta para Seije sem dizer palavra. Há um nó em sua garganta que o impede de falar.

À medida que avança na leitura, a expressão de Seije vai se tornando mais contraída. Ao terminar, Seije dobra a folha, coloca-a sobre a mesa e também fica em silêncio, como se estivesse buscando o que dizer. Após alguns segundos, Seije diz estar surpreso com o desafio proposto e se dispõe a ajudar em tudo que puder. Afinal, prometeu para Sophia que os ajudaria. Promessa é dívida, e ele detesta dívidas.

Fernando respira fundo, solta o corpo no encosto da cadeira e tenta tirar a tensão do pescoço movimentando a cabeça para a direita e depois para a esquerda, sem nada dizer. Toma um gole de suco e quebra o silêncio dizendo não ter ficado surpreso. O que sua mãe escreveu na carta de certa forma ele percebe, mas não tem coragem de enfrentar. Desde que conheceu Lívia, sua vida virou de cabeça para baixo. O medo de perdê-la faz com que ele ceda a todas as vontades dela. Mas ele chegou no limite e quer mudar. Vem tentando monitorar os gastos, mas não consegue dar um basta neles. Não tem condições de continuar como está e, ao mesmo tempo, pensar em separação é desesperador. Em meio a esse turbilhão de sentimentos, vem sofrendo muitas pressões no trabalho. Com os braços apoiados na mesa, gira a lapiseira entre as mãos e, com voz abatida, confessa estar cansado.

Seije coloca a mão sobre o ombro de Fernando e reafirma que vai ajudá-lo. A primeira coisa que fará será indicar uma psicóloga que trabalha com um grupo de compradores compulsivos para orientá-lo. Depois, vai enviar por e-mail um questionário a ser respondido antes do próximo encontro, para iniciarem a organização financeira e a renegociação das dívidas.

> Confira na página 225 ou acesse aqui

– Não sei se vou conseguir. Minha cabeça não vai dar conta de tanta coisa. – Fernando fala olhando para as mãos, que ainda giram a lapiseira.

– Não se entregue ao sofrimento. Reaja. Encare os fatos sem autopiedade. Fica bem mais fácil de resolver.

O tom de Seije é tão enfático que Fernando levanta os olhos e o encara.

– Todos os nossos problemas têm solução, mas para encontrá-la precisamos mudar o foco. Ao me inteirar da sua situação através do questionário, vou poder ajudá-lo a se concentrar na solução. Você não está mais sozinho, Fernando. Pode contar comigo – apoia Seije.

Fernando agradece com os olhos avermelhados e em seguida Seije se despede com um abraço efusivo como se fossem bons e velhos amigos.

Fernando continua bebendo seu suco devagar, admirando os quadros expostos nas paredes de todo o café, tentando absorver com os olhos algo de bom para sua alma. Seus pensamentos gritam, impedindo-o de enxergar o que está vendo. Já tinha ouvido falar de compradores compulsivos, mas não acredita que Lívia tenha esse perfil. Desapontado por esperar que a carta lhe trouxesse alguma esperança ou mesmo alguma revelação sobre o que herdaria, Fernando a coloca no bolso. Não imaginava que a mãe lhe desafiaria a mexer em algo que ele há muitos anos evita encarar. Seria realmente o melhor a fazer ou o início do fim do seu casamento? Nutre a esperança de que a herança compense tudo isso. Assim como Seije, ele havia feito uma promessa à sua mãe e não pensava em desapontá-la. Liga o celular e escreve um lembrete para falar com o gerente do banco no dia seguinte. Precisa tomar decisões drásticas.

diário do seije

## 28/3

Se ontem fiquei aliviado, hoje fiquei tenso. Não imaginava que o desafio de Fernando fosse tão complicado.

ARRUMAR A VIDA FINANCEIRA É POSSÍVEL COM ORGANIZAÇÃO, DETERMINAÇÃO, DISCIPLINA E PRINCIPALMENTE PACIÊNCIA PARA RESOLVER UMA COISA DE CADA VEZ. Mas descobrir se a mulher é <u>compradora compulsiva</u> é impossível sem a participação dela. Também fiquei confuso quanto à herança. Se fosse algo que exigisse uma boa administração, não seria preciso o diagnóstico da nora. Realmente já não sei o que pensar, mas vou cumprir minha promessa.

30 de março, apartamento de Isabel

A saída do metrô na estação Marechal Deodoro, no bairro de Santa Cecília, é um tumulto no início da noite. Pessoas desesperadas invadem o trem, impedindo o desembarque. Alguns xingam, outros empurram. Quando consegue desembarcar, Seije ajeita a camiseta que lhe puxaram, coloca a mochila nas costas e lamenta a irracionalidade e a falta de educação das pessoas. Sobe pela escadaria desviando da fila que se forma próximo à escada rolante. Finalmente vê a rua e caminha algumas quadras para chegar ao prédio onde reside Isabel. Toca o interfone preso no batente da porta de entrada. Isabel atende e avisa que vai descer para abrir. Enquanto aguarda, Seije observa o movimento intenso de carros com apenas uma pessoa dentro, falando ao celular e dirigindo, enquanto alguns mendigos reviram sacos de lixo em busca de latas de alumínio para vender. Um triste contraste das grandes metrópoles.

Isabel abre a porta e eles se cumprimentam.

– Obrigada por vir. Depois que marcamos – complementa Isabel –, me arrependi do horário. A esta hora o metrô fica muito cheio, poderíamos ter marcado mais tarde.

– Mais tarde ficaria inviável pra mim. Estou aqui são e salvo e feliz por você ter repensado sobre o desafio.

Sobem dois lances de escada, e Isabel abre a porta do apartamento 26. Bud faz festa, e Seije se agacha para cumprimentá-lo. Bud sai da sala e volta com um de seus brinquedos, mas Isabel o repreende e pede que ele fique quieto para poder conversar. Bud obedece e deita com seu brinquedo na boca. Seije se encanta com a obediência do animal e comenta que ele parece uma ótima companhia. Isabel confirma e convida Seije a se sentar.

Na sala há apenas duas poltronas e um tapete sobre o chão brilhante de tábuas largas. A janela ampla é recoberta por uma cortina de material não identificado. Algumas caixas de madeira servem de estante e a sala não tem tevê, apenas um *notebook* sobre uma pequena mesa. O que mais chama a atenção de Seije é um aro de bicicleta na parede. Pintado de vermelho, abriga algumas fotos, um calendário e recados. Tudo foge do convencional e tem um charme próprio.

– Adorei a decoração – comenta Seije.

– Mesmo? Quase tudo foi feito por mim.

– Parece que tudo foi reaproveitado. Gostei.

Isabel conta que as poltronas e a mesa eram de sua avó materna. Ela lixou a madeira, envernizou, mandou lavar as poltronas e fez as almofadas de fuxico com retalhos de tecidos. A cortina fez com material de garrafas PET e o porta-revistas, com canudos de jornal tingido e cola branca. O tapete é de crochê com barbante e foi feito com sobras que juntou na época da faculdade, quando fazia essas peças para vender e faturar um dinheirinho para comprar seus livros. O aro ela pegou de uma bicicleta velha que estava enferrujada no quintal de uma amiga. Isabel diz reaproveitar tudo o que é possível em vez de comprar objetos novos. Adota uma filosofia de vida simples, usando apenas o necessário e evitando desperdícios.

Após mais alguns elogios, Seije pega as folhas impressas do questionário respondido por Isabel e faz a ressalva de que a impressão foi feita em papel reutilizado. Isabel faz sinal de positivo e sorri.

Pelas respostas do questionário, observa Seije, fica evidente o estilo de vida dela, mas ele não imaginava que ela vivesse de forma tão agradável. Há pessoas que têm uma vida simples por avareza. Economizam ao extremo porque têm medo de ficar sem nada; não acreditam na abundância por mais que consigam juntar. Todos padecem com pessoas assim. Mas no caso dela é diferente. Ela pratica o consumo consciente, que é uma demonstração de amor por sua vida e pela vida do planeta e também um ato de solidariedade. Isabel ouve tudo satisfeita e elogia os conhecimentos que Seije demonstra sobre o assunto.

Voltando ao questionário, Seije pede que Isabel conte um pouquinho da história dela para entender melhor alguns pontos.

– A partir de quando? – pergunta Isabel.

– O que achar importante me dizer. Não vou fazer julgamentos, apenas ouvir.

Isabel senta-se na poltrona ao lado de Seije e conta que faz sete anos que mora sozinha, ou melhor, com Bud. Ela o ganhou de um ex-namorado quando ainda morava com a mãe. Morar sozinha foi mais que uma opção, foi uma necessidade para poder viver em paz. O seu jeito independente, crítico e objetivo e a total falta de vaidade contrastavam com o jeito dos irmãos, e ela se sentia excluída pelos pais, que sempre diziam que ela era bruta e problemática. Crescera com esses rótulos e com total descaso da família por suas escolhas e conquistas.

– E como você reagia a isso? – pergunta Seije.

– Com agressividade, o que aumentava a rejeição deles.

Isabel continua sua história e parece reviver a rejeição naquele momento. Conta que foi uma ótima aluna no curso de biologia e que sua monografia sobre sustentabilidade recebeu nota máxima. Mas o Fernando também sempre foi inteligente e, além disso, bonito e obediente. Com certeza o que ele fazia sempre tinha mais valor do que o que ela fazia. Por isso ficou surpresa com os elogios da mãe na carta. Por instantes, Isabel silencia. Prende o lábio inferior com os dentes e respira fundo.

– Não seria um olhar ressentido que fazia esta leitura dos fatos? – pergunta Seije.

– Talvez. Tenho ressentimentos até hoje.

– Não sei se te conforta, mas Sophia falava muito de você, falava da sua competência profissional com muito entusiasmo.

As lágrimas escorrem pelo rosto de Isabel e, entre uma respiração e outra, ela tenta se expressar. Diz que sua vida poderia ter sido diferente se os elogios da carta de Sophia tivessem sido verbalizados antes. Não se lembra da última vez que recebeu um abraço da mãe, e agora ela a elogiou e partiu. Esperou até o último momento, quando já não podiam ter um bom relacionamento, para dizer que a amava. Isso doía muito, e sentia-se mais uma vez rejeitada.

Seije estende um lenço e continua em silêncio. Isabel se desculpa e propõe uma pausa para ir buscar algo para beberem.

Ao retornar, traz uma bandeja com uma jarra de suco, algumas torradas e um patê. Coloca a bandeja sobre a mesinha e a aproxima das poltronas, convidando Seije a se servir. Enquanto se serve, Seije percebe que Isabel se refez da emoção e pede que ela fale um pouco da vida profissional.

Isabel explica que, desde que se graduou, trabalha com ONGs em projetos de sustentabilidade. Recebe por projeto de que participa. Ama o que faz, mas não está satisfeita com a remuneração.

– Nunca trabalhou como funcionária registrada?

– Sou idealista! Se trabalhar como CLT tenho que fazer o que a empresa quer e nem sempre é o correto. Como prestadora de serviços, participo apenas de projetos que são condizentes com meus valores.

– E como lida com a renda variável?

Ela responde que se adaptou para viver com pouco e que o essencial não lhe falta, mas seu dinheiro é sempre contado. Não sobra nada.

– Você disse que se adaptou, mas pelo visto a situação não é a ideal pra você.

– Com certeza, não. Quero ter dinheiro pra cuidar do Bud, quero comprar uma casa, quero viajar e não consigo com a renda que tenho hoje.

– Como você costuma cobrar por seu trabalho?

– Recebo por hora um valor pré-definido durante o projeto. Não há opção.

– Você não negocia o valor da hora? Simplesmente aceita a oferta?

— Se eu recusar, outra pessoa aceitará.

— Você está se subestimando. Preste atenção a esse sentimento de rejeição que sente por parte dos seus familiares. Está estendendo isso ao campo profissional. Mas você pode abandonar a síndrome do patinho feio e descobrir que pode ser um cisne. Mostre pelas suas competências que é a profissional ideal e que fará do projeto um sucesso.

Isabel balança a cabeça positivamente. Com o olhar parado, como se estivesse ali e ao mesmo tempo longe, sussurra algo para si mesma. Olhando agora para Seije, fala que se sentiu um patinho feio a vida toda, mas que seu trabalho sempre foi muito elogiado e deu ótimos resultados.

— Você precisa se ver como um cisne.

Isabel conta que as ONGs com as quais trabalha, além de a elogiarem, lamentam quando ela não pode participar de um projeto por já estar com algum trabalho em andamento. E muitas vezes pedem o parecer dela sobre o escopo do projeto antes mesmo de o enviarem ao cliente.

— Isso demonstra um reconhecimento de sua competência – diz Seije.

Com os olhos voltados para cima, como se vasculhasse a memória, ela se pergunta:

— Como não percebi isso antes? Mas, se eles reconhecem o meu valor, por que nunca oferecem uma remuneração melhor?

— Por causa da sua postura. Coloque-se no lugar de quem paga – propõe Seije. – Se você for a um dentista competente que trabalha com material de boa qualidade e que cobra metade do preço de outro similar, com certeza não vai oferecer mais a ele só porque ele cobra pouco. Simplesmente ficará feliz por ter conseguido um serviço de qualidade por um valor menor. Olhe agora o seu caso. Se você se contenta com menos, por que te ofereceriam mais?

Num tom de voz firme, Seije enfatiza:

— Você é a interessada, e a atitude da negociação deve partir de você. Argumente, tente um valor melhor. Você sempre pode fazer o trabalho valer mais.

> Saiba mais no blog com a palavra-chave "negociação"

– Faço tudo errado – lamenta Isabel.

– Não se culpe – aconselha Seije.

Seije relata que assim como Isabel há muitos profissionais que vivem o dilema entre fazer o que gostam e receber o valor justo por isso. Há uma grande dificuldade de chegar a uma negociação que seja boa para ambas as partes. O fato de ela fazer o que gosta e com certa facilidade mascara o valor daquilo que faz. No desafio proposto pela mãe, ela poderia fazer o que gosta e conseguir uma boa remuneração pelo diferencial que possui. Preparando pratos da cozinha portuguesa com conhecimentos de sustentabilidade, poderia se sobressair no mercado.

– Já pesquisei alguns cursos – diz Isabel –, mas não tenho como pagar.

– Deve haver sistemas de bolsas. Procure informações pessoalmente e fale de sua proposta de desenvolver um trabalho de sustentabilidade em uma cozinha industrial.

– Será?

– Tente.

– E se surgir algum projeto nesse meio-tempo?

– Terá que conciliar as coisas. Afinal, enquanto a nova carreira não deslanchar, você vai precisar de alguma remuneração.

O silêncio toma conta do ambiente até Bud dar um bocejo e se deitar.

– Estou surpresa com o que estou sentindo – desabafa Isabel, levantando-se e colocando o copo vazio de volta na bandeja. – Parece que um mundo de possibilidades se abriu diante de mim.

– Foi para isso que vim aqui, para lhe fazer enxergar possibilidades.

O rosto de Isabel se ilumina. Seije continua a avaliação.

– Pelas respostas do questionário, ficou claro para mim que o seu problema é conseguir uma renda melhor. Você gasta com sobriedade, tem um padrão de vida simples, mas o que entra não dá para fazer tudo o que deseja.

– Sempre me concentrei em economizar para fazer o dinheiro durar mais. Nunca me ocorreu que a melhor saída seria conseguir uma remuneração melhor.

– Nosso foco será aumentar sua renda sem que você deixe de fazer o que gosta. O que acha?
– Acho ótimo!
– Tenho que ir agora. Amanhã acordo cedo.
– Obrigada por ter vindo. Assim que tiver alguma novidade sobre o curso, ligo para marcar nosso próximo encontro.
– Tchau, Bud, gostei de te ver.

Ao ver Isabel pegar a chave, Bud fica todo agitado, mas ela o impede de sair. Descendo as escadas, Isabel recomenda cuidado a Seije no trajeto até o metrô. Despedem-se e Isabel tranca a porta.

Minutos depois, no metrô, Seije senta-se e pensa na conversa com Isabel. O contexto de cada pessoa é fundamental para fazer a leitura financeira de sua vida. As respostas ao questionário deixaram evidente a vida simples e uma receita inferior à desejada, cuja causa precisava ser identificada. Ouvindo a moça, constatou a necessidade de uma nova postura profissional. A atitude de Isabel de procurar um curso demonstra que ela aceita o desafio, e isso vai facilitar o processo. Seije acredita que ela pode se livrar das crenças limitantes que alimenta e começar a ter novas atitudes. A situação financeira dela ficará melhor, porém é preciso ter coragem, determinação e autoconfiança. Seije não sabe se Isabel vai levar a história adiante, mas pretende manter contato regularmente e incentivá-la a fazer o que precisa ser feito.

*diário do seije*

## 30/3

Dia cansativo e corrido, mas estou feliz de ter conversado com a Isabel a respeito do questionário respondido. Aquelas perguntas permitem uma BREVE ANÁLISE DE ALGUMAS DECISÕES ESSENCIAIS para uma vida financeira saudável e também ressaltam QUAIS RESULTADOS ESTÃO SENDO COLHIDOS.

Pelo questionário foi possível ver que ela toma decisões corretas, mas os resultados obtidos não são os ideais. Eu precisava saber o porquê. Constatei que seu principal problema é a renda baixa. Não há o que enxugar no orçamento da Isabel, ela já faz tudo corretamente e é bem controlada nos gastos. Falta aumentar seus ganhos. Com uma renda maior ela poderá poupar para realizar algo que deseja, para ter uma reserva financeira para emergências e também para aposentadoria.

Por isso gosto do papel de mentor financeiro. O intuito é ajudar as pessoas a terem uma vida financeira saudável, mas para isso passamos por valores, questões existenciais, e o processo é de transformação interior. NINGUÉM CONSEGUE MUDAR SUA VIDA FINANCEIRA SEM MEXER EM ALGO DENTRO DE SI.

É gratificante.

a luta

**31 de março, apartamento de Fernando**

—E foram felizes para sempre! – Fernando encerra a leitura para as filhas.
– Papai, conta outra história – pede Raíssa.
– Já está tarde, amanhã as senhoritas acordam cedo. Durmam com os anjinhos.
– Papai, reza com a gente – pede Melissa.
Fernando reduz a luminosidade do quarto, e os três fazem uma prece. Ele recita a oração frase por frase, e as meninas repetem. A prece é a mesma que aprendeu com a mãe e a primeira que lhe ocorreu, trazendo lembranças de infância. Ali, com as filhas, sente-se em paz e percebe que precisa fazer isso mais vezes.
– Nunca fizemos essa prece antes – comenta Melissa.
– Foi vovó Sophia quem me ensinou.
– Ela está no céu com os anjinhos agora, papai? – pergunta Raíssa.
– Com certeza, e estará sempre ajudando os anjinhos a nos proteger.
– Por que a mamãe não rezou com a gente hoje?
– Ela estava cansada e foi dormir mais cedo. Agora papai também quer descansar.

Ele beija as filhas e sai do quarto. Dirige-se à sala e senta-se no sofá. Pega o controle remoto e liga a tevê na tentativa de se distrair. O filme de ação acontece na tela, mas Fernando assiste às cenas da discussão que estão em sua mente. Por sorte as meninas estavam numa festa de aniversário no salão do prédio e não presenciaram a pior das brigas que já teve com Lívia.

Fernando confiscou os cartões de crédito após a mulher contar que gastara seiscentos reais com roupas para as meninas irem a um aniversário. Lívia ficou transtornada. Fernando nunca a tinha visto num acesso de ira tão grande. Chorando e falando de modo desequilibrado, ela disse que nem ela nem as filhas tinham que pagar pelo fracasso dele como empresário. Fernando sente o coração acelerar só de relembrar a cena.

Seu celular vibra e ele demora a se conectar com a realidade de novo. Olha para a tevê, depois olha para os lados e finalmente vê o celular vibrar e piscar sobre a mesa de centro. Não reconhece o número. Limpa a garganta e atende.

– Fernando.

– Boa noite, Fernando, sou a doutora Cleide. Você deixou um recado em minha caixa postal.

– Boa noite, doutora. Um amigo me indicou seu nome. Sérgio Seije, a senhora o conhece?

– Sim, conheço. Em que posso ajudá-lo?

– Preciso agendar uma consulta com certa urgência. A senhora tem algum horário livre?

– Só vou ter um horário disponível na próxima terça-feira, às nove horas. Um paciente desmarcou, pode ser?

– Gostaria que fosse antes. Preciso de orientação o mais breve possível.

– Vamos fazer o seguinte. Amanhã pela manhã, peço para a minha secretária confirmar todos os pacientes que estão agendados para os próximos dias. Se houver algum cancelamento antes de terça-feira, ela entra em contato com você. Enquanto isso, vamos deixar garantido na terça às nove. Tudo bem?

– Tudo bem. Vou aguardar o contato de sua secretária. Boa noite e muito obrigado.

Algo havia mudado. A carta de sua mãe o colocara diante de uma realidade que ele relutava em aceitar, mas chegou a hora de colocar os pés no chão e resolver a situação. Sua paixão vinha definhando conforme aumentavam as humilhações a que Lívia o submetia. Hoje, no entanto, revidou, o que ela talvez não esperasse. Nem ele, na verdade, esperava ter aquela reação. Tenta decifrar se está aliviado, com raiva ou com medo das consequências, mas acredita que tomou a atitude correta. Precisa agora de um apoio para aguentar o que está por vir. Conta com Seije e com a doutora Cleide para isso. Tira os sapatos, deita-se no sofá e pega o controle remoto para procurar o que assistir para esvaziar a mente. Após passar rapidamente por alguns canais, desiste.

Toma um banho rápido, escova os dentes e vai para a cama. Ao encostar a cabeça no travesseiro, ouve Lívia chorando baixinho. Isso lhe dói. Sente uma pontada no peito, respira fundo, fica imóvel alguns minutos e a dor física se vai, mas a dor na alma persiste. Por que viver tudo aquilo? Até quando a falta de dinheiro alimentará esse clima entre eles? Ele a ama tanto e ao mesmo tempo se sente traído pela falta de cooperação. De amante e cúmplice, ela se tornou uma inimiga que o humilha. De novo o misto de sentimentos domina sua mente. Fecha os olhos e tenta dormir.

No dia seguinte, o celular toca às sete. Com a sensação de que acabou de se deitar, Fernando acorda cansado e mal-humorado. Percebe que Lívia já se levantou. Deve estar arrumando as meninas para irem à escola. Veste-se rapidamente, pois hoje não pode chegar atrasado. A reunião de abertura do concurso de projetos para redução de custos na empresa começa às nove horas. Nesse encontro, serão escolhidos três projetos para concorrer a prêmios em dinheiro. Fernando pega o *pen drive*, coloca-o no bolso da camisa e, dando tapinhas sobre o peito, reforça para si mesmo que ali está uma mina de ouro. Seu humor começa a melhorar e renasce a esperança de uma virada na vida.

Minutos depois, dirige-se à sala e percebe um silêncio na casa. O café está servido, mas há apenas uma xícara na mesa. Fernando pressente algo ruim. Seu estômago começa a revirar, a cabeça começa a doer. Sobre a mesa há um papel dobrado. Só pode ser de Lívia. Com as mãos geladas e o suor brotando na testa, desdobra o papel e quase o rasga. Mal acredita no que lê:

"Não há mais solução para nós dois.
 Nunca serei a mulher que você deseja que eu seja. Melhor cada um viver a sua vida.
 Vou para a casa do meu pai com as meninas.

Lívia"

Fernando solta o peso do corpo na cadeira. Com as mãos trêmulas, pega o celular, liga para Lívia e ouve o telefone tocar dentro de casa. Passa a mão na cabeça, pega o paletó e sai para ir atrás dela. De repente, sua mente dispara um sinal de alerta e ele relembra as palavras de Isabel em uma das muitas discussões que já tiveram. "Na sua casa o cão de estimação é você, que abana o rabo o tempo todo para aquela sua mulher." Fica dividido entre ir ou não atrás dela.

O celular toca e ele apalpa o corpo para ver em qual dos bolsos está. Ao passar a mão sobre a camisa, sente o *pen drive*. A reunião! Ele não podia deixar de ir à reunião. Atende o celular.

– Fernando.

– Senhor Fernando, sou a secretária da doutora Cleide. Ela pediu para avisá-lo que um dos pacientes desmarcou a consulta das catorze e quer saber se o senhor quer vir neste horário.

– Hoje?

– Sim. Hoje, às catorze horas.

– Com certeza. Pode marcar meu nome, por favor.

Olha para o relógio e sai a passos rápidos. Se perder a reunião, toda a esperança acaba ali. Precisa entrar no concurso para ter a chance de ganhar e devolver à família uma vida confortável.

Já no carro, a caminho do trabalho, o mal-estar volta a atingi-lo. Começa a suar frio, e seu estômago não parece bem. Tenta se acalmar respirando fundo, mas é obrigado a parar. Encosta o carro, liga o pisca-pisca e abre a porta para vomitar. Fica alguns instantes se refazendo, tentando respirar. Está gelado e as pernas tremem. Não vai conseguir dirigir. Só consegue pensar na reunião e em Lívia. O coração acelera. O que fazer? Afrouxa o nó da gravata, enxuga o rosto com um lenço, respira fundo várias vezes e parece recobrar as energias.

Telefona para o diretor da empresa avisando que está a algumas quadras dali, passando mal. O diretor pede que ele fique onde está porque mandará um motorista para levá-lo a um hospital próximo, o mais rápido possível. Fernando desliga o celular e desaba no banco. Sente tudo rodando e de repente uma dor no peito forte e aguda tira-lhe os sentidos. Ouve ao longe: "Doutor Fernando, sou eu, o Josias, fale comigo, por favor. Doutor Fernando". As pálpebras de Fernando estão pesadas e ele não consegue abrir os olhos para ver onde está, o que está acontecendo. Ouve tudo como um eco. Sente que está sendo carregado, mas não consegue se mover. Acha que está morrendo e pede a Nossa Senhora de Fátima que o proteja.

### 1º de abril, escritório do doutor Marcondes

Diante da porta de madeira escura com frisos trabalhados, Viviane vê a placa "Dr. José Marcondes – Advogado". Toca a campainha. A porta se abre e surge um senhor de cabelos brancos, estatura média, rechonchudo, bochechas coradas e com um sorriso estampado no rosto. Se ele tivesse barba e estivesse de vermelho, ela poderia jurar que era o bom velhinho em carne e osso, tal a simpatia.

— Bom dia! Seja bem-vinda ao meu humilde escritório. Sou o doutor Marcondes e presumo, pela semelhança, que a senhorita seja Viviane, filha da Sophia Fernandes.

— Isso mesmo, muito prazer.

O doutor Marcondes convida Viviane a entrar em sua sala, não muito diferente da recepção, com móveis muito antigos, o diploma emoldurado na parede atrás da mesa, muitos papéis espalhados e livros por todos os lados.

— Aproveito para agradecer a sua gentileza em me receber. Conforme expliquei ao telefone, o que me trouxe aqui foi o testamento que o senhor elaborou para minha mãe.

— Ah, sim. O testamento de Sophia.

– O senhor a conhecia de onde? Não me lembro de tê-lo visto na casa de minha mãe ou de ela mencionar seu nome.

O doutor Marcondes conta que conheceu Sophia na sala de espera da quimioterapia. Ele passou por algumas sessões no mesmo período que ela, dois anos antes. Lembrou que a sala de espera para o tratamento de rádio ou quimioterapia tem uma atmosfera pesada. As histórias são tristes demais, o sofrimento é uma realidade em cada um e todas as conversas giram em torno da dor, da angústia, das perdas. Além da própria dor, as pessoas passam a sofrer com a dor alheia. Sophia foi um alento. Ela não tinha uma história triste para contar. Contava passagens hilárias da época em que vivia na ilha da Madeira e tirava sarro de si mesma, e assim ir para as sessões de quimioterapia deixou de ser um martírio. Ela conseguia fazer todo mundo rir de si, comparando qual careca era mais charmosa. Todos assumiram sua careca sem problemas e deixaram de passar calor com perucas graças ao alto-astral de Sophia. Formaram um grupo de amigos e, mesmo após o tratamento, um fortalecia o outro.

Viviane sorri. Sente saudade da alegria esfuziante da mãe. Ela possuía uma graça imensa, uma energia incrível, falava muitas besteiras de forma tão natural que o riso surgia espontâneo em quem estivesse ao seu lado. Sempre buscou a superação e, durante todo o processo de quimioterapia, nunca quis que um dos filhos a acompanhasse. Tinha um motorista de táxi que a levava e trazia. Agora Viviane entendia por quê. Sua mãe queria poupá-los daquela sala de espera para não perderem a esperança com tanta tristeza. Que pessoa especial!

– Oh, minha querida, não quis deixá-la triste.

– Não foi nada. A emoção vem da saudade dessa alegria toda. Continue, por favor.

– Após o tratamento, mantivemos contato. Graças a Deus, fiquei curado e voltei a trabalhar. Compartilhávamos a felicidade da cura nos reunindo uma vez ao mês. Sophia preparava delícias que todos saboreavam.

– Ah, o encontro mensal que ela sempre mencionava, mas do qual nunca deu detalhes! Cheguei até a pensar que haveria algum pretendente nesses encontros.

– Seria bem possível. Sophia era muito bonita e encantadora. Mas nos reuníamos apenas para celebrar a vida, nada mais.

Dr. Marcondes relata que em um desses encontros Sophia o bombardeou com perguntas sobre testamentos e ele se dispôs a ajudá-la caso ela quisesse fazer um.

– Depois disso, não falamos mais sobre o assunto até que, às vésperas da viagem para a Ilha da Madeira, ela ligou dizendo que queria fazer um testamento antes de viajar. Eu não tinha disponibilidade, estava com várias audiências marcadas fora de São Paulo. Ela ficou preocupada, mas tranquilizei-a dizendo que nada iria acontecer, mas se ela percebesse que o avião ia cair, poderia fazer um testamento ali junto ao comandante e duas testemunhas. Ela riu dizendo que se ela percebesse que o avião ia cair iria rezar, não fazer um testamento. Eu disse a ela que seria melhor mesmo e após darmos muitas risadas ela me perguntou se poderia fazer um testamento em um avião. Respondi que, segundo as leis brasileiras, essa hipótese se enquadraria em "testamentos especiais". Indiquei um livro para que ela se inteirasse melhor. Na volta da viagem faríamos o testamento. Falei isso para descontraí-la e por ironia do destino acabou se concretizando.

– Mas o testamento tem valor mesmo ela não tendo morrido no avião?

– Sim. O testamento tem validade por até noventa dias depois do desembarque. Após esse prazo, se a pessoa continuar viva, deverá fazer um novo testamento, desta vez com as especificações de um testamento comum.

– E como o senhor soube do testamento?

– Logo que foi internada, Sophia pediu que me ligassem. Fui até o hospital e ela me disse para utilizar a procuração que já havia me passado para resgatar o testamento junto às autoridades do Aeroporto de Cumbica. Me entregou a chave de um cofre de banco, pediu que eu colocasse o testamento lá e prometesse não revelar nada disso até o Seije conversar comigo.

– Ela também nos fez prometer que atenderíamos ao seu pedido e deixou uma carta para cada filho. Maluco isso – comenta Viviane.

– O quê? O testamento?

– Não, como minha mãe pensou em tudo isso antes de morrer. Se eu estivesse sentindo que ia morrer não iria me preocupar com os outros. Quem ficasse que resolvesse sobre o inventário, a partilha e tudo o mais que a lei exige.

– Vou lhe dizer que entendo sua mãe. Apesar de ter o diagnóstico "curado", o fantasma de uma metástase ou de outra doença persiste. Quem passa por essa experiência fica o tempo todo cara a cara com a finitude da vida.

– Mas nos seis meses em que mamãe esteve curada, ela parecia leve, alegre, organizando-se para a viagem dos seus sonhos.

– Com certeza, cada dia de vida após essa experiência nos motiva a celebrar, agradecer, viver, mas, além disso, durante esses seis meses sua mãe preparou-se para morrer. De alguma forma ela pressentia, pois deixou tudo organizado.

Viviane coloca uma mão sobre a outra para disfarçar o tremor que ainda persiste pela emoção de relembrar os últimos momentos da mãe. Respira fundo, depois continua tirando suas dúvidas com o advogado.

– As cartas que ela nos deixou, ela não escreveu no hospital?

– Acredito que tenha escrito no avião.

– Pedi tanto para ela não ir, que esperasse eu sair de férias para acompanhá-la. Não adiantou, estava determinada. Mas depois que ela me disse que dona Antonia, uma amiga querida da família, que também veio da Ilha da Madeira, iria com ela, fiquei tranquila e até concordei que a viagem lhe faria bem.

– Você sabia que até o último momento sua mãe fez alguém feliz?

– Do que o senhor está falando?

O doutor Marcondes conta que Sophia sabia que dona Antonia também tinha o sonho de rever a terra natal e não tinha condições financeiras para isso. Ela generosamente pagou a passagem da amiga e assim teve uma companhia e realizou um sonho.

Com um sorriso no rosto Viviane diz estar feliz, pois dona Antonia sempre foi um amor de pessoa. Simples, mas de coração generoso. Vai procurá-la para saber mais da viagem, afinal ela teve o privilégio de estar ao lado de Sophia na realização de um sonho, talvez o maior de toda a vida dela.

O doutor Marcondes conta para Viviane que agradece a Deus por ter conhecido Sophia. Graças a ela, repensou muito as próprias atitudes. A vida não precisa ser pesarosa ou triste. Problemas sempre farão parte do nosso caminho, e enxergá-los como oportunidade de superação se torna motivador.

— Também agradeço a Deus por ela ter sido minha mãe.

— Bem, foi assim que tudo aconteceu. Agora resta esperar o Seije sinalizar para eu lhes entregar o testamento.

— O senhor conhece o Seije?

— Sim, ele também se beneficiou com a alegria de Sophia nessa época.

— Ele também fazia quimioterapia?

— Ele não, a mulher. Ele não lhe contou?

— Não – responde Viviane, engolindo em seco. – Tivemos pouco contato até agora. Mas deixe isso para outra ocasião. Quero esclarecer mais uma dúvida.

— Pode falar.

— Quando um testamento pode ser impugnado?

— Por quê? Tem alguém querendo impugnar o testamento?

— Meu pai.

— Sério? Sophia nunca falou dele. Achei que fosse viúva.

— Ele se acha no direito de fazer parte da herança de minha mãe. Quando soube do testamento e de todo o mistério sobre a herança que mamãe nos deixou, além da casa, insistiu em fazer parte dele.

— Sua mãe até poderia incluí-lo se quisesses. O testamento permite justamente que se deixe uma parte da herança para pessoas que não são herdeiras ascendentes ou descendentes. Mas isso só saberemos ao abrir o testamento.

— Sim, eu sei, mas meu pai é teimoso como uma porta e disse que vai impugnar se não for herdeiro.

O doutor Marcondes dá uma risada gostosa, e Viviane fica observando-o sem entender a graça. Uma situação tensa dessas e ele ri? Que homem mais esquisito!

– Minha querida, não se estresse com seu pai. Se ele quiser gastar a energia e o dinheiro dele para impugnar o testamento, deixe que o faça. Não vai conseguir.

– Tem certeza?

– Absoluta.

– Fico aliviada. Meus irmãos ainda não sabem dessa intenção do meu pai e, se souberem, vão ficar furiosos. Eles não se falam nem se veem há anos. Já pensou um reencontro para brigar por herança? Só de pensar me dá agonia.

– Pode ir tranquila na paz de Deus, tudo vai dar certo. Mesmo que seu pai tente impugnar o testamento, tudo vai transcorrer bem. Confie em mim. Se quiser, pode passar meu telefone para ele e explico o que for preciso.

Viviane segue para a saída e agradece a atenção e os esclarecimentos. O doutor Marcondes a acompanha até a porta do elevador.

Minutos depois Viviane entra no carro e relembra as histórias do advogado sobre a alegria de sua mãe. Relembra bons tempos com a família unida, todos rindo e dançando. Fernando aprendeu a tocar gaita e tocava as músicas do bailinho da Madeira enquanto sua mãe cantava e dançava com eles. Uma farra regada a comidas típicas deliciosas. Alguns vizinhos sempre participavam e ajudavam na arrumação e no preparo das comidas. Isabel ajudava na cozinha enquanto ela cuidava da decoração, arrumando as flores do jardim em vasos. A leveza da infância deu lugar ao peso das responsabilidades. Sua vida mudou muito nos últimos anos. Estava numa fase dolorosa, enfrentando tudo sozinha, sem ter com quem dividir nada.

De repente uma frase do doutor Marcondes – "ele não, a mulher" – ecoa em seu pensamento. Seije é casado. Será que tem filhos? Como alguém com uma mulher doente, talvez com filhos, e que trabalha o dia todo ainda dispõe de tempo para atender ao pedido de uma amiga recente, que já havia morrido? Algo tão forte quanto o que o doutor Marcondes sentiu deve ter tocado Seije com relação à sua mãe. Com o tempo talvez ele conte um pouco da própria história. De qualquer forma Seije subiu ainda mais no seu conceito.

### 1º de abril, Hospital do Coração

Ao olhar pelo vidro da porta e ver seu irmão naquela UTI com uma aparência tão debilitada, Viviane se afasta para tomar ar e se recompor do impacto. Nem sequer conseguiu ir para o trabalho. Assim que saiu do escritório do doutor Marcondes, recebeu a ligação do hospital. Avisou seu chefe e foi direto ver o que tinha acontecido com Fernando. Não podia imaginar que o irmão, que sempre fora tão saudável, pudesse ter tido um infarto aos trinta e cinco anos. Ele precisava viver, criar as filhas, ser feliz. E Lívia, onde estaria? Liga para o celular da cunhada e ouve a mensagem da caixa postal. Liga para a casa do irmão, ninguém atende. Talvez ela estivesse a caminho.

Um rapaz se aproxima.

– A senhora é parente do doutor Fernando?

– Sou irmã dele, Viviane. E o senhor?

– Josias, o motorista da empresa onde ele trabalha. Ele passou mal no caminho e ligou avisando que não conseguia dirigir. Pelo que ele falou que estava sentindo, o doutor Carlos, o diretor, achou que ele podia estar infartando e me orientou a trazer ele para cá.

– Graças a Deus e ao senhor ele foi socorrido a tempo. Muito obrigada.

– Imagina, senhora. Doutor Carlos é que foi esperto e percebeu o lance. No trajeto para o hospital, o doutor Fernando meio que delirava e falava "Lívia", em seguida falava "pen" alguma coisa.

– Lívia é o nome da mulher dele. Ela já sabe o que aconteceu?

– A secretária do doutor Fernando tentou contato e não conseguiu, por isso ligaram para a senhora.

– Achei que ela estivesse a caminho... Também não consegui falar com ela.

Viviane deduz que algo aconteceu entre o irmão e a cunhada.

– E o pen não sei o quê, a senhora imagina o que seja?

– Deve ser *pen drive*, uma memória externa que se usa em computador.

– Ah, tá.

Viviane pega seu *pen drive* e mostra.

– Você viu algo parecido com isto?

– Não vi, não. Aqui no hospital devem ter guardado todas as coisas dele. Agora preciso voltar para a empresa.

Viviane agradece e, antes que Josias desaparecesse pela porta, começa a buscar em sua agenda os telefones onde poderia encontrar Lívia. Tenta mais uma vez o celular e cai novamente caixa postal. Liga para a casa do pai de Lívia. Dona Esmeralda, a governanta, atende e informa que Lívia tinha ido com o pai a um advogado.

– Advogado? Meu irmão está infartado no hospital! Então ela não sabe?

– Nossa, dona Viviane, que horror! Dona Lívia pediu para não informar a ninguém o celular do pai dela, mas vou passar para a senhora. Anote, por favor.

Viviane agradece e, antes de desligar, ouve as meninas querendo saber de Esmeralda o que tinha acontecido. No fundo tinha dó das meninas, que provavelmente seguiriam o exemplo da mãe. Liga para o celular informado e Lívia atende.

– Oi, Lívia, graças a Deus! Ninguém conseguia te achar. Estou aqui no hospital com o Nando.

Faz-se um silêncio do outro lado.

— Lívia, tá me ouvindo? — insiste Viviane.

— Hoje é o dia da mentira, mas você não vai me pegar. Já estou no advogado vendo sobre o divórcio. Tarde demais.

— Acha que tenho tempo pra ligar e fazer pegadinhas? Estou no Hospital do Coração com o Nando. Ele infartou. — Sem esperar a reação de Lívia, Viviane simplesmente desliga o telefone e, olhando para o aparelho, sussurra: "Idiota!" Tenta se acalmar. Anda pelo corredor, vai até um bebedouro, toma água, depois se encosta numa janela e, enquanto olha o dia lindo do lado de fora, perde-se em pensamentos.

Será que o irmão tinha infartado porque Lívia falou em divórcio? Se ele não fosse tão apaixonado, Viviane poderia comemorar. Mas será que ela vem ou não ao hospital? Viviane se dá conta que se a situação for séria ela terá que cuidar do irmão. Na verdade, ela e Isabel. Mal se refez da separação, da perda da mãe e agora teria que cuidar do irmão. Sua vida pessoal ia virar de ponta-cabeça. Viviane senta-se em uma poltrona na sala de espera, e com os cotovelos apoiados nos joelhos ampara a cabeça. Reza para que Fernando se recupere e que tudo não passe de um susto.

Chega o horário de visitas na UTI, mas Lívia não aparece. Viviane se aproxima de Fernando, alisa os cabelos do irmão e começa a conversar com ele.

— Nando, seja forte. Vou ficar aqui e não vou te deixar sozinho. Quero te ver de novo com saúde, rindo, feliz. Quando você sair daqui, prometo que faço aquele bolo de nozes que você adora. Dá trabalho, mas acho que você vai merecer se ficar comportado e se recuperar logo — Viviane pega a mão dele e sente Fernando apertar a sua levemente. No rosto do irmão, uma lágrima brota no canto do olho.

— Você está me ouvindo. Que bom, Nando! Vou estar por aqui. Descanse para se recuperar.

O horário de visitas ainda não acabou, mas Viviane tem que sair, pois está muito emocionada. Beija o irmão na testa e sai. Está baqueada — a visita ao advogado, as lembranças da mãe, o susto com o irmão... Sentada na sala de espera, sofre por antecipação pensando como o irmão vai viver ao sair do hospital. Terá que encarar um divórcio. Ela já passou por essa experiência, sabe como é dolorosa, mas entende que toda escolha tem uma consequência. Casar com Lívia foi uma escolha que seu irmão fez e ninguém poderá passar por ele o que é preciso para amadurecer e enxergar as coisas sob outro ponto de vista.

Ainda no hospital, Viviane aguarda o médico, que vai passar dali a meia hora. Enquanto isso, tenta de novo ligar para Isabel. Já deixou um recado e ela não retornou. Um barulho de passos com salto alto chama a atenção de Viviane. Para sua surpresa, vê Lívia se aproximar. Não sabe se fica feliz ou com raiva. Acha que ela está produzida para uma recepção chique e não para uma visita ao marido infartado no hospital. Com certeza veio para infernizá-lo.

– Olá, Vivi, onde está o Nando? Posso vê-lo?

– Lógico que pode e deve vê-lo. Mas vamos conversar antes. Ele está sedado, mas escuta o que dizemos.

– A culpa é minha.

Viviane fica em silêncio enquanto Lívia relata os acontecimentos em tom de desabafo. Não aguentava mais o marido cobrando que ela fosse diferente. A discussão do dia anterior por causa de umas comprinhas que ela fez culminou em uma ação extrema de Fernando. Ele confiscou todos os cartões de crédito dela e isso foi a maior humilhação pela qual já passara na vida. Passou a noite toda chorando de raiva, sentindo-se desprezada, e concluiu que ele não a amava mais. Se amasse não teria feito o que fez.

Viviane ouve a cunhada, mas sabe que ela sempre foi perdulária. Sabe também que a situação financeira do irmão não anda bem. Se Fernando, que sempre foi submisso à mulher, tomou uma decisão radical, isso significa que a situação estava pior do que ela imaginava. Mas desiste de fazer julgamentos.

– E o que pretende fazer?

– Estou arrependida. Pedi ao advogado pra suspender o pedido de divórcio. Agora terei que enfrentar a fúria do meu pai. Mas quero viver bem com o Nando. Ele é o homem da minha vida.

– Então vá lá e diga isso pra ele.

Lívia entra na UTI e se aproxima de Fernando. Viviane os observa pelo vidro da porta da UTI. Tomara que Fernando melhore logo e eles se acertem. Quer aproveitar esta aproximação forçada pelas circunstâncias para conversar com a cunhada e ver se pode ajudar em algo. Viviane tenta novamente ligar para Isabel. Desta vez está chamando.

## 1º de abril, no hospital

Descendo as escadas que dão acesso à calçada, Isabel vira-se para trás e admira o prédio de arquitetura moderna, que mistura metal e paredes de vidro, onde vai iniciar uma nova etapa de sua vida. Orgulha-se de ter feito uma negociação que valoriza seu conhecimento. Dispôs-se a dar aulas de sustentabilidade em troca da oportunidade de fazer um curso de gastronomia. O diretor da escola, além de aceitar a oferta, disse que, dependendo da avaliação do curso que ela vai ministrar, a escola poderia indicá-la para outros trabalhos. O reconhecimento, a aceitação, os elogios a deixam em êxtase. Acende um cigarro e solta a fumaça para o alto com alegria. Pega o celular na bolsa e o liga. Duas chamadas não atendidas. São de Viviane.

– Oi, Vivi, você me ligou?

– Nando infartou – Viviane despeja de uma só vez.

– Como infartou?! – pergunta Isabel, levando a mão à cabeça.

– Passou mal indo para o trabalho. Vem pra cá, por favor. Estamos no Hospital do Coração, perto do metrô Paraíso.

– Que loucura! Estou indo.

Isabel traga o cigarro e solta fumaça várias vezes em seguida. A mente funciona com a mesma rapidez que seus pés, misturando várias imagens. A morte da mãe, a doença do Bud, agora o irmão. Que sina era a sua! Após alguns poucos minutos de alegria, outra bomba. Será que Fernando corria risco de morte? Como uma pessoa que não fuma, bebe apenas socialmente, poderia ter um infarto aos trinta e cinco anos? Será que ela também corria esse risco? Balança a cabeça na tentativa de dispersar os pensamentos e aperta os passos em direção à estação do metrô.

Meia hora depois já no hospital. Isabel encontra Viviane. Vão para a lanchonete. Pedem dois cafés. Viviane gesticula muito e com a voz trêmula conta o que aconteceu. Isabel ouve atentamente e não demora para fazer um comentário sarcástico.

— Temos que comemorar. Há males que vêm para o bem. O Nando vai se livrar do depósito de grifes.

— Bel, controle sua língua. Nando ama Lívia, e o infarto deve ser consequência do impacto emocional pela possível separação.

— Que posso fazer?

— Ser solidária. Oferecer-se para ajudar no que for preciso. Somos só nós três, um pelo outro, desde que mamãe se foi.

— Santa Vivi de Calcutá! Estou num dia ótimo, por isso vou lá vê-lo apesar dos desaforos que já tive que engolir por causa dele.

— Você sempre fez por merecer. Esse seu sarcasmo irrita, sabia?

— Tudo bem, tudo bem. Chega.

— E qual o motivo desse dia ótimo? Um namorado novo?

— Muito melhor.

> Saiba mais no blog com a palavra-chave "permuta"

Isabel conta com entusiasmo do curso que fará, da permuta e todas as possibilidades. Viviane fica feliz pela irmã. Terminam o café e se dirigem para a UTI.

Lívia aguarda do lado de fora. Logo será liberada nova visita. Isabel a cumprimenta e vai até o vidro espiar.

— Ele está dormindo? – pergunta Isabel.

– Está sedado. O médico disse que vai fazer um cateterismo logo mais para avaliar se precisa de cirurgia – Lívia responde.

Uma enfermeira aparece e traz uma sacola com as roupas e os pertences de Fernando, entregando-a para Lívia. Ela informa que após o cateterismo ele será encaminhado para o quarto 612, já disponível para os familiares. Lívia agradece. Viviane se prontifica a levar as coisas para o quarto enquanto Lívia e Isabel se revezam para a visita de quinze minutos cada uma. Lívia aceita a gentileza de Viviane. A porta da UTI é aberta, e Lívia se aproxima de Fernando. Ela pega sua mão e fica conversando com ele. Fernando abre e fecha os olhos, mas não consegue mantê-los abertos. Pelo vidro, Isabel observa Lívia enxugar as lágrimas e acha a cena patética. Resolve andar pelo corredor para evitar pensamentos sarcásticos. Viviane reaparece e vai ao encontro de Isabel.

– Ainda bem que me ofereci para levar as coisas do Nando para o quarto.

– Por quê?

– Ligou no celular dele a secretária de uma psicóloga perguntando se ele não iria à consulta, que já estava atrasado.

– Psicóloga? O Nando? Deve ser engano.

– Não, eu confirmei o nome completo. Ele pediu um encaixe de urgência, que ela conseguiu para hoje, e estavam preocupados, pois ele não apareceu. Expliquei a situação e disse que assim que ele melhorasse pediria para entrar em contato.

– Será que a Lívia sabe que ele vai em psicóloga?

– Não sei, mas, na dúvida, foi melhor eu ter atendido.

– Deixa eu vê-lo antes que o tempo de visita acabe.

Isabel entra na UTI e se aproxima de Fernando, que parece dormir como uma criança. Lívia sai cabisbaixa.

– Ei, mano. Vê se não vai aprontar com a gente. Sabe que você é o meu inimigo favorito.

– Eu sei – responde Fernando, com uma voz letárgica, surpreendendo Isabel.

– Desculpe, Nando, eu estava brincando. Quero que fique bom logo. Pode contar comigo se precisar de alguma coisa.

– O *pen drive*.

– Que *pen drive*? O que quer dizer?

– O *pen drive*. A reunião.

– Descansa, Nando. Esquece o trabalho. Pensa em ficar bom logo.

Fernando consegue abrir os olhos e mantê-los abertos. Dirige o olhar para Isabel como que suplicando.

– Entrega o *pen drive* para o Carlos, na empresa.

– Que *pen drive*, Nando? Quem é Carlos?

– O *pen drive* estava no bolso da camisa. Entrega para o doutor Carlos Sampaio, na empresa.

– Pode deixar, eu entrego. Ah, fique tranquilo que a Vivi atendeu uma chamada no seu celular e explicou para a psicóloga que você não poderia ir hoje.

– Lívia não pode saber.

– Tudo bem, agora descanse. Daqui a pouco você vai fazer um exame e depois vai para o quarto. Você vai ficar bem.

Fernando fecha os olhos, relaxando a cabeça e os ombros. Uma enfermeira avisa que o horário de visita está encerrado. Isabel sai e fala com Viviane e Lívia sobre o pedido de Fernando. Elas sobem para o quarto e procuram o *pen drive*, que continua intacto no bolso da camisa. Viviane conta que o motorista da empresa comentou que ele dizia, como que delirando, a palavra pen. Deve ter alguma coisa muito importante para a empresa.

Viviane e Isabel se despedem de Lívia e pedem que ela dê notícias após o exame. Lívia agradece e começa a arrumar as roupas do marido no armário.

Já na rua as irmãs se despedem. Isabel segue para o metrô e Viviane para o estacionamento, com a missão de entregar o tal *pen drive*.

Mesmo com todas as dificuldades que tem com Fernando, Isabel está abalada. Realmente a vida é frágil, e de uma hora para outra tudo muda. Graças a Deus, Fernando está bem.

Apesar do susto com o irmão, este dia será um marco em sua vida. Conseguiu fazer algo que jamais imaginou que fosse capaz. Seije tinha razão. Acreditar que tem talento e elevar a autoestima fazem toda a diferença numa negociação profissional. Diante do diretor da escola, argumentou com segurança que poderia ministrar um curso inédito. Não esperava que ele fosse aceitar a permuta sem nenhuma resistência. Seria isso um bom sinal? Com certeza sim, e isso é só o começo.

– Por favor, o senhor Carlos Sampaio?
– Doutor Carlos Sampaio da Engenharia?
– Na verdade, não sei. Preciso entregar algo para ele em nome do engenheiro Fernando Fernandes de Barros.
– Por favor, seu documento de identidade.

Viviane entrega o seu RG para a recepcionista, posa para uma foto com uma microcâmera, recebe um crachá. Passa pela catraca e com mais seis pessoas entra no elevador. Aciona o número 4 e fica olhando o painel indicativo dos andares.

Logo ao desembarcar no andar, é recebida por um homem.
– Senhorita Viviane?
– Sim. Doutor Carlos Sampaio?
– Só Carlos, por favor.

Viviane esboça um leve sorriso e os dois entram no escritório, que mais parece um labirinto cheio de casulos. Passam por uma porta em um dos tantos corredores e chegam a um ambiente reservado para reuniões, decorado com uma mesa redonda, quatro cadeiras e outra mesinha com uma jarra de água e copos.

– Fique à vontade – diz Carlos, gentilmente dando-lhe preferência para entrar na sala.
– Obrigada. Serei breve.
– Como está o Fernando?
– Está bem. Quer dizer, medicado. Ele vai fazer um exame para avaliação cardíaca, só depois saberemos o que precisa ser feito.

— Entendo. Passei por isso aos cinquenta e cinco anos e graças a Deus estou aqui. Acho que o pior já passou. Vai dar tudo certo.

— Quero lhe agradecer. O motorista que prestou socorro disse que foi o senhor quem desconfiou da gravidade da situação e agiu rapidamente. Que Deus o abençoe.

— O fato de já ter tido um infarto me faz ficar alerta. Minutos são preciosos nessa hora.

Carlos vai até a mesinha, coloca água num copo e oferece a Viviane.

— Obrigada.

— Você veio a pedido do Fernando? – pergunta Carlos.

— Sim, ele pediu que lhe entregasse um *pen drive*. Estava aflito quando fez o pedido.

— Entendo. Deve ser a apresentação que ele faria na reunião.

Viviane estende a mão para lhe entregar o *pen drive* e suspira aliviada com a sensação de missão cumprida. Mas Carlos olha fixamente para o pequeno objeto, passa a mão na testa.

— Não posso ficar com o *pen drive*.

— Não? Mas ele insistiu que trouxesse...

— O processo se encerrou. Ele está fora do concurso.

— Não pode ser! O motorista me disse que o Nando falava no *pen drive* o tempo todo enquanto o socorriam.

— Sei que Fernando é muito responsável, mas você deve saber que numa multinacional as regras chegam prontas.

Inconformada com o que acaba de ouvir, Viviane salta da cadeira. São muito insensíveis. Seu irmão acabava de ter um infarto e sequer levavam isso em consideração? Viviane pensa, mas não fala, pois pode acabar prejudicando o irmão.

— Mas não podem reconsiderar? Deve haver alguma possibilidade de incluí-lo no concurso! – Viviane, indignada, já percebe uma leve alteração no tom de sua voz, mas continua argumentando. – Meu irmão se atrasou por motivos alheios à sua vontade.

Carlos ouve atentamente a enfática argumentação de Viviane. Com os olhos fixos e um leve franzido na testa, parece elaborar uma resposta.

– Entendo – ele disse por fim. – Tenho consciência dos motivos que impediram o material de estar aqui no horário estabelecido. Há uma diferença de cinco horas daqui para a matriz. O expediente lá já está encerrado, mas vou tentar falar com o responsável pelo concurso.

Viviane sorri.

– Infarto não é o mesmo que ficar preso no trânsito – continua, reforçando os argumentos. – Um motivo relevante merece uma reconsideração.

– Não posso prometer que conseguirei incluí-lo no concurso, mas vou tentar.

– Deixo, então, o *pen drive* com o senhor?

– Só vou aceitá-lo se tiver uma resposta positiva. Por uma questão ética, não posso tomar conhecimento do projeto sem o Fernando estar concorrendo.

– Anote meu celular, por favor. Aguardo sua ligação. Tenho certeza de que não vão se arrepender.

– Aposto que não.

Viviane caminha satisfeita por ter ido fazer a entrega pessoalmente em vez de usar um portador. A princípio sentiu raiva daquele homem passivo diante de regras em um caso que é, no mínimo, uma exceção. Em seguida, ao perceber sua boa vontade e ética profissional, mudou de opinião. O senhor Carlos demonstrou acreditar no talento de Fernando, assim como ela. Apesar de não fazer a mínima ideia do conteúdo, arriscou um "não vão se arrepender" como comentário final. Será que o irmão, que sempre foi talentoso, iria desmenti-la justamente agora? Sente um vazio no estômago, olha o relógio. Precisa se alimentar. O desgaste emocional foi tão intenso que até se esqueceu de comer. Coloca o *pen drive* na bolsa e tenta não ceder à tentação de ir para casa, pois ainda tem muito trabalho por hoje.

De volta ao escritório, Viviane se concentra, analisando as prioridades. Trava uma luta com o tempo: documentos com prazo para serem despachados têm prioridade, ficam à sua frente sobre a mesa, enquanto os outros ficam empilhados no canto esquerdo. As duas pilhas estão grandes. Vai ter que dar conta da maioria ainda hoje.

Viviane começa a ler, assinar e carimbar cada papel, além de fazer anotações em um sistema de computador.

O celular vibra.

– Boas notícias, dona Viviane. Pode me trazer o *pen drive* – o doutor Carlos Sampaio fala do outro lado da linha.

– O senhor conseguiu?

– Como aqui o expediente vai se encerrar em quarenta minutos, o diretor vai aceitar os arquivos se forem enviados dentro do horário comercial do Brasil.

– Tenho quarenta minutos para chegar aí?

– Sim, foi o que consegui.

– Um *motoboy* vai driblar o trânsito.

– Peça apenas para que ele entregue diretamente a mim em vez de deixar na recepção.

Depressa, escancara a bolsa. O *pen drive* não está no bolsinho interno. Nem no fundo da bolsa. Nem nos bolsinhos externos. Abre e fecha o zíper, abre outra vez e despeja o conteúdo da bolsa na mesa. Não acha nada. Começa a tatear por entre as folhas de papel e carimbos. Afasta os papéis do centro da mesa, o teclado do computador e, num ato desesperado, vasculha a nécessaire, o porta-níqueis, a carteira... o *pen drive* não aparece. Ela tem certeza de que o colocou ali após a recusa do chefe do irmão.

Tenta não entrar em pânico, revendo mentalmente suas ações. Colocou mesmo o *pen drive* na bolsa. Pega a bolsa vazia e a apalpa cuidadosamente. Entre o forro e o couro Viviane percebe algo rígido. Puxa o forro para fora e descobre um pequeno espaço descosturado. Finalmente pinça um objeto com os dedos. O *pen drive*.

Na portaria, ela explica minuciosamente ao *motoboy* o que ele deve fazer nos trinta minutos seguintes. O rapaz se espanta. Terá que correr muito. Sempre há alguém desesperado precisando de algo urgente numa cidade com trânsito travado.

De volta à sua mesa, tentando se reorganizar, Viviane para alguns segundos e relaxa na cadeira. Que vida maluca! Planejou um dia intenso, porém dentro da normalidade, que lhe permitiria sair no horário e dar atenção aos filhos. Antes mesmo de chegar ao trabalho foi visitar o advogado, depois teve que correr para o hospital, e, por último, a simples entrega de um *pen drive* virou uma saga. Será que depois de tanto esforço Fernando ficaria fora do concurso? Agora já não está mais em suas mãos. O que está definitivamente em suas mãos é o trabalho que a espera.

## 1º de abril, ainda no hospital

Sentada no quarto do hospital à espera de Fernando, Lívia tenta entender o que acontece. Com os sentimentos confusos, não sabe se realmente tomou a melhor decisão. E se Fernando não a quiser mais? E se ele estiver farto dela? Arrepia-se só de pensar em uma nova perda.

Desde pequena, até onde sua memória alcança, sua vida sempre foi de ganhos e perdas. Foi assim na infância, quando a mãe amorosa e protetora morreu, deixando-a órfã aos sete anos. Na adolescência, tinha um grupo de amigas que viu se dissolver aos poucos, até ela ficar sozinha. Teve de conviver com os prós e os contras de sua beleza. Aos quinze trabalhou como modelo e criou um novo círculo de amizades, iludindo-se de que ali seus dotes físicos não seriam problema. A competitividade a fez desistir da carreira. Uma menina sempre mimada como ela jamais se adaptaria a tantas pressões. Retomou os estudos. Aos dezoito anos, cursava a faculdade de Artes Plásticas e continuava sob a proteção e os mimos sem limites de seu pai. Tinha seu próprio carro, luxuoso e equipado, que deixava os jovens da sua idade de queixo caído. Seu maior prazer era fazer compras com as amigas. Tinha tudo o que desejava, só faltava o namorado perfeito para a felicidade ser completa.

Lívia sorri com as lembranças do dia em que conheceu Fernando. Numa tarde chuvosa, quando furou o pneu do carro, acendeu o pisca-pisca e tentou ligar para a seguradora. Para variar, o celular estava sem sinal. Irritada por não conseguir se comunicar, pegou do chão do carro o guarda-chuva, resolvida a ver se o celular funcionava ao ar livre. Naquele momento, de um carro feio, um tanto velho, que parou atrás do dela, surgiu um homem lindo e jovem, um deus grego, que bem podia ser uma alucinação.

Gentil, ofereceu ajuda. Hipnotizada pela beleza do rapaz, Lívia aceitou de imediato, assim teria tempo para saber algo sobre ele. Ela abriu o porta-malas, e ele retirou de lá as ferramentas e o estepe. Tentando protegê-lo da chuva, permaneceu de pé ao seu lado, e percebeu alguns olhares indiscretos para suas pernas. Em vez de ficar sem jeito, ela gostou e até mesmo acreditou que teria alguma chance.

Assim que ele terminou, Lívia agradeceu-lhe e perguntou seu nome. Ele disse que se chamava Fernando, e ela se apresentou também. Lívia pediu-lhe o número do celular para que pudesse retribuir a gentileza com um café ou uma bebida noutro lugar que ele apreciasse. Anotou o número dele no seu aparelho celular. Ele sorriu e disse que ia aguardar o telefonema. Sem apertos de mão, pois ele estava com as mãos sujas, se despediram. Só então, observando-o voltar ao carro velho, Lívia viu que havia uma moça de cabelos longos no banco do passageiro. Que idiota! Com certeza ele teria uma namorada. Desanimou.

No dia seguinte, porém, não resistiu e ligou para agradecer, e ele cobrou o café. Lívia perguntou se a namorada dele não ficaria com ciúmes e ouviu exatamente o que gostaria de ouvir. Ele não tinha namorada. Era a irmã que estava com ele no carro. Lívia conteve a euforia e, tentando parecer tranquila, marcou um encontro com Fernando em um café do Shopping Iguatemi. Daquele dia em diante nunca mais se separaram.

Fernando sempre se mostrou maravilhoso. Um homem inteligente, sensível, romântico e, sobretudo, lindo. Viviam um conto de fadas. Prolongaram o namoro até Fernando ter condições de montar um apartamento confortável. Seu pai lhe proporcionou um casamento de princesa com direito a lua de mel em Paris. Quando engravidou e soube que eram gêmeas, o pai e o marido a papariacaram em dobro. Era tanta felicidade que a sensação de que uma hora a vida iria lhe pedir tudo de volta a incomodava.

Parece que enfim o momento do resgate chegou. Desde que Fernando se tornou empresário e faliu, tudo mudou. Orgulhoso, ele não aceitou ajuda financeira do sogro, e ela vinha pagando injustamente o preço de uma vida medíocre. Mas a possibilidade de perdê-lo para a morte foi devastadora. Descobriu que ainda o ama muito, mas tem dúvidas se ele ainda a ama também. A batida na porta interrompe seus pensamentos.

– Com licença. Vim para ver se está tudo em ordem. O paciente já está chegando – informa uma enfermeira.

Lívia pergunta se correu tudo bem no exame, ao que a enfermeira responde que só saberá quando o paciente e o prontuário chegarem. Mas avisa que o médico logo virá até o quarto para dar instruções. Nisso entram com Fernando. Os enfermeiros o tiram da maca, colocam-no na cama e saem. Lívia, sem jeito, pergunta como ele está.

– Com você perto – responde Fernando –, tudo sempre estará bem.

Lívia encosta o rosto no dele. Beija-o, e a tensão se transmuta em alívio.

– Que bom. Tive medo de como me receberia depois da minha atitude.

– Não vamos falar disso agora. E as meninas?

– Estão na casa do meu pai e ficarão lá até voltarmos.

O médico entra no quarto e cumprimenta Lívia. Informa Fernando que tudo correu bem no exame e que felizmente não é caso de cirurgia, mas que dali em diante alguns cuidados serão fundamentais. Após as explicações, o médico avisa que no dia seguinte pela manhã Fernando terá alta.

Lívia se ocupa em deixar Fernando confortável para fazer a refeição que chega tão logo o médico sai. A seguir, senta-se na poltrona próxima da cama. Estava exausta e emocionalmente destruída. Aliviada, é verdade, por Fernando tê-la recebido com carinho, mas insegura com o que viria depois. Será que Fernando insistiria em deixá-la sem cartões de crédito? Melhor não pensar nisso agora. Quando voltarem pra casa, terão uma longa conversa.

### 1º de abril, mais tarde no hospital

Seije mal pode acreditar quando a doutora Cleide avisa que o paciente que ele indicou sofreu um infarto. Liga para Viviane e confirma a notícia. Ainda no dia anterior estiveram juntos, e Fernando parecia bem de saúde.

Após o trabalho, vai ao hospital visitá-lo e ver se precisam de ajuda. Ao chegar diante da porta do quarto, uma mulher se aproxima e lhe dirige a palavra.

– Procura alguém?
– Fernando. Soube que sofreu um infarto.
– Sou Lívia, mulher dele.
– Muito prazer. Sou Seije.
– O famoso mentor financeiro! Queria mesmo falar com o senhor. Podemos conversar aqui na sala de espera?

Seije não esperava encontrar Lívia disposta a conversar. Não naquele momento. Tudo o que imaginou foi visitar Fernando, dizer algumas palavras de encorajamento e ir embora.

Chegando à sala de espera, sentam-se um de frente para o outro. Lívia começa a dizer que Fernando mudou muito após a morte da mãe e que o pedido que ela fez, que ela não imagina o que seja, virou a cabeça do marido.

– Entendo – Seije limita-se a responder.

Com voz baixa e abatida, Lívia pergunta se poderia lhe fazer um pedido. Seije a encara sem dizer nada, aguardando que ela continue. Lívia fica inquieta, esfrega as mãos e, de repente, parece tomar coragem:

– Senhor Seije, não vou fazer rodeios. Peço que aconselhe Nando a ser menos radical e a me devolver os cartões de crédito. A atitude dele não vai levar a nada. Estou disposta a mudar, mas ele terá que confiar em mim. Onde não há confiança não há união, não há casamento.

O pedido repentino o embaraça e intriga. Algo deve ter se passado entre Fernando e a mulher.

– Vou fazer o possível para ajudá-los. Assim que Fernando se recuperar, vamos conversar novamente.

Lívia desloca-se até a beirada do sofá.

– Desculpe, não me interprete mal. Jamais me abri com alguém que acabei de conhecer, mas já que o senhor o está aconselhando sobre finanças, poderia me fazer esse favor?

Seije identifica naquele momento uma oportunidade para aproximá-la do processo de organização financeira.

– Você gostaria de participar das nossas conversas? Seria bom se inteirar do assunto, ajudar o Fernando a sair dessa difícil situação financeira e, quem sabe, reconquistar a confiança dele com relação aos cartões.

– Nunca controlei uma conta bancária sequer. Isso sempre foi coisa para o Nando. Mas se for um caminho para ele rever essa decisão sem sentido...

– Com sua participação poderemos analisar as questões sob outro ponto de vista e chegarmos a uma solução que seja boa para todos.

– Só quero viver em paz com minha família.

Minutos depois, Seije e Lívia entram juntos no quarto e encontram Fernando acordado.

– Seije, que surpresa! Conhece Lívia?

– Nos apresentamos no corredor.

Fernando conta o que aconteceu, mas Seije encaminha a conversa para a descontração, provocando sorrisos. Todos ficam menos tensos. Uma enfermeira pede licença para ministrar alguns medicamentos. Seije aproveita e se despede, prometendo um novo encontro em breve.

Enquanto aguarda o elevador, Seije está mais surpreso do que quando chegou ao hospital. O encontro com Lívia e seu pedido sem rodeios mostrou mais um nó a ser desatado nesse emaranhado de acontecimentos entre o casal. Viu o desespero nos olhos dela e ficou tocado. Lívia realmente precisa de ajuda, pois não percebe a dimensão das próprias atitudes, acomodou-se no papel de vítima e com isso sofre e faz sofrer. Seije suspira e se questiona se será capaz de ajudá-los. Pelo menos conseguiu convencê-la a participar do próximo encontro. Pode ser o começo de um processo de conscientização e consequente mudança.

# diário do seije

## 1/4

Hoje Fernando nos deu um susto: infartou. Na visita ao hospital conheci a mulher dele, Lívia. Ela me pediu que eu aconselhasse o marido a lhe devolver os cartões de crédito. Os dois episódios poderiam ser apenas brincadeiras do dia da mentira, mas infelizmente não são.

Pelo visto Fernando tomou coragem e agiu, o que é surpreendente já que ele tem o perfil dos <u>homens que amam demais</u>: homens que se deixam humilhar e sempre encontram justificativas para as atitudes da mulher amada. Sofrem por dependência afetiva.

Não posso dizer ao Fernando ainda, mas o fato é que ELE SÓ CONSEGUIRÁ EQUILIBRAR A VIDA FINANCEIRA SE NÃO SE DEIXAR DOMINAR PELO MEDO DE PERDER A MULHER, o que o faz ceder a todos os seus caprichos de consumo. A ajuda de uma psicóloga especialista será fundamental nesse processo.

Em pouco tempo é possível perceber a raiz do problema que leva as pessoas a desequilibrarem as finanças; porém, fazê-las enxergar esse fato e mudar de atitude é o que demanda um bom tempo. Sinceramente não sei se seis meses serão suficientes para ajudar Fernando.

Vou tentar.

**3 de abril, casa de Sophia**

O céu escuro e o vento anunciam a chuva iminente. Viviane se apressa para fechar as janelas. Faz uma inspeção rápida na casa toda para ver se o trabalho da diarista está bem feito. Desde a morte da mãe, ela cuida da casa, e Isabel, do jardim. Tudo em ordem. A mesa está posta para receber Seije. Comprou perto dali algumas broas de milho para acompanhar o chá feito com ervas colhidas no quintal. Se sua mãe estivesse viva, com certeza faria ela mesma as broas, que chegariam à mesa ainda quentinhas, mas Viviane não tem dons culinários nem tempo para desenvolvê-los. Gosta de praticidade. Para que fazer se pode comprar pronto?

    A campainha toca, Viviane olha pela janela da sala e vê Seije no portão. Pouco depois, ela o convida a sentar-se à mesa e serve o chá. O cheiro de erva-cidreira se espalha pelo ambiente, e Seije respira fundo, como se estivesse tentando absorver aquele aroma enquanto agradece a gentileza do convite. Viviane não deixa de perceber na mão esquerda dele o anel de prata, que bem pode ser uma aliança. Evita qualquer comentário ou elogio, e a conversa iniciada com temas corriqueiros vai se encaminhando para a questão financeira.

    Seije explica que precisam trabalhar alguns pontos importantes, pois a situação financeira dela é crítica e será necessário disciplina e determinação. Questiona se ela está disposta a mudar posturas para obter resultados.

– Tenho que estar disposta, caso contrário... Adeus, herança.

– Preciso fazer mais algumas perguntas para entender melhor o que colocou no questionário.

– Fique à vontade – Viviane responde, encarando-o com um sorriso.

Seije desvia o olhar, toma um gole de chá e continua.

– Além do desafio proposto por sua mãe, o que mais a motiva a colocar sua vida financeira em ordem?

– Para ser sincera, Seije, quero ter tudo sob controle, fazer o MBA que planejei e conquistar minha independência financeira.

– O que isso vai trazer de bom pra você?

– Vou me sentir mais segura e poderei, entre outras coisas, dar uma qualidade de vida melhor para meus filhos.

A porta de acesso à cozinha bate com força, impulsionada pelo vento. Viviane e Seije se sobressaltam, mas logo retomam a conversa.

– Uma boa motivação. Se fosse só porque sua mãe pediu, não sei se você faria o esforço de que precisa ser feito para sair da situação em que se encontra.

– Nossa! Assim estou ficando assustada.

– Não há motivo. Você terá plenas condições de fazer tudo que vou lhe propor, mas terá que ser paciente e determinada. Vamos ver o seu orçamento?

O orçamento está impresso e foi feito numa planilha. Seije elogia o trabalho e pergunta se ela sabe dizer o que está escrito ali. Qual a história daqueles números? Como aquele resultado se formou? Viviane conta as dificuldades pelas quais vem passando para lidar com as finanças desde a separação. Não gosta de fazer controle financeiro e detesta encarar a realidade do saldo bancário. Acha deprimente trabalhar tanto para ver a conta somente no vermelho. Ela passou por muitas mudanças, muitas perdas, e realmente tem dificuldade de aceitar que seu casamento tenha acabado em decorrência de uma crise financeira.

– Desculpe, Viviane, mas a crise financeira só acaba com um relacionamento quando é a gota d'água que faz transbordar questões não resolvidas.

– Comigo foi diferente. Totalmente diferente.

– Pela minha experiência, o real motivo seriam mágoas acumuladas, supostas traições, desrespeito, maus-tratos, vícios.

– Não gostaria de tocar nesse assunto. – Viviane mexe nos cabelos e passa a mão na testa. – Só posso dizer que, na minha separação, o que me fez tomar a decisão foi a questão financeira. Meu ex-marido foi irresponsável com o meu dinheiro, o dinheiro pelo qual trabalhei muito. Foi um ato de infidelidade financeira o que ele fez comigo.

– Ele errou, assim como milhares de outros investidores também erraram. Isso não tem perdão?

– Para mim, não tem. Ele destruiu o meu futuro.

– Pense comigo. O MBA pode ser pago em parcelas e o investimento, a longo prazo, pode ser recuperado. Analisando racionalmente, perder o dinheiro na bolsa e retardar o início de um MBA não destruíram o seu futuro, mas ficar no papel de vítima impedirá seu futuro de se realizar.

Viviane se cala. No fundo da alma, sabe que Seije tem razão. A crise financeira foi o estopim. Já não tolerava os campeonatos de *video game* do marido, as baladas para comemorar o aniversário dos amigos, os porres que ele tomava após o futebol e a falta de cuidado na educação dos filhos. Sentia-se sozinha no casamento e isso a desencantava. A menina certinha e madura não conseguia admitir que o casamento tinha acabado. Seria julgada. Tinha levado aquele relacionamento até onde dera, não queria magoar o marido, mas a perda financeira fora como uma traição. Viviane suspira após a rápida análise mental sobre os fatos.

– Tudo bem, Seije. Digamos que eu reconheça que a questão financeira não foi a principal causa da separação. Isso não muda o que ele fez. Continuo sendo a vítima.

– Você delegou a ele os investimentos. Não acompanhou. Deu errado. Se tivesse dado certo, estaria casada e feliz?

– Casada, talvez sim. Feliz, talvez não.

– A fragilidade da relação não está nas finanças, está nos sentimentos. Seja honesta com você mesma e admita sua parcela de responsabilidade nos fatos.

– Você pode até ter razão, mas não é simples assim. Ele traiu minha confiança. O erro dele foi infinitamente maior que o meu.

– O endividamento que tem hoje, que inclui cheque especial, parcelas de financiamento do carro e do empréstimo para reforma do apartamento, teve a participação do Rodrigo?

– Não, decidi sozinha. Ele tem parte da culpa por este endividamento porque agora ele só paga as despesas com a escola. O restante está tudo nas minhas costas.

– Você sabia que só poderia contar com o seu salário a partir da separação, não sabia?

– Sabia. Mas não podia morar num apartamento horroroso, andar num carro que vivia quebrando e deixar meus filhos sem roupas. Crianças crescem.

Com calma, Seije ajuda Viviane a perceber que pode mudar o resultado financeiro que obtém. Ela precisa parar de se justificar e também de gastar mais do que recebe se quiser consertar os números.

Fazem juntos os cálculos das despesas básicas mensais somando alimentação, prestação do imóvel, condomínio, luz, gás, telefone, internet, TV a cabo, IPTU, combustível, seguro do carro, seguro da casa, cabeleireiro, mesada dos filhos – enfim, tudo o que é essencial na opinião dela. As despesas com educação são pagas pelo ex-marido, e a assistência médica é descontada diretamente do salário.

Viviane se assusta com os valores. Não sobra quase nada para negociar dívidas com cheque especial, financiamento e empréstimo bancário. Suas despesas essenciais já consomem quase todo o seu salário.

Seije lista numa folha as próximas ações de Viviane:

1. Rever todas as despesas essenciais e reduzir o que for possível.
2. Vender o carro atual e fazer uma boa pesquisa para comprar outro mais barato em boas condições para diminuir o valor da parcela mensal ou mesmo eliminar o parcelamento.
3. Pedir um empréstimo consignado para negociar o cheque especial e estancar o pagamento de juros.
4. Utilizar o FGTS para abater do valor da parcela do imóvel, se for possível.
5. Planejar todas as compras e pesquisar preços.

> Saiba mais no blog com a palavra-chave "empréstimo"

Viviane argumenta que ele está sendo muito rígido. Se ela negociar o cheque especial, reduzir as despesas essenciais e o valor da parcela do imóvel, com certeza não precisará trocar de carro. Seije a lembra do seu objetivo inicial: sair das dívidas e cursar o MBA. Para o MBA caber no orçamento será necessário enxugá-lo ao máximo.

– Que raiva daquele infeliz! – desabafa Viviane.

– Não dá pra mudar o passado. Livre-se dele pra não carregar esse fardo inutilmente. Foque sua energia no que precisa fazer para a sua vida mudar a partir de agora.

Viviane questiona o item cinco da lista. Não dá para pesquisar preços, não tem tempo. Às vezes faz as compras de supermercado pela internet para entregarem em casa.

Seije pede que ela faça a experiência durante um mês para ver o resultado. Sugere que envolva os filhos na confecção de um cardápio e na montagem de uma lista de compras semanais.

– Envolver os filhos... Gostei da ideia!

– Ótimo! Então já tem a lição de casa para o próximo encontro. – Seije esboça um leve sorriso.

Depois que ele sai, o cheiro de seu perfume permanece. Que homem é esse que não perde o prumo, tem sensibilidade e maturidade para perceber questões não reveladas e ainda traz soluções para seus problemas? Está cada vez mais encantada com Seije, mas, como ele é casado, melhor manter distância e não demonstrar que o acha interessante.

Viviane olha para a lista de tarefas e se arrepende de ter dito com tanta segurança, no início da conversa, que estava disposta a fazer o que fosse preciso para colocar as finanças em ordem. Na verdade, não estava tão disposta assim. Sente-se cansada, mas a sugestão de envolver os filhos nas compras a anima. Será pelo menos uma aproximação entre ela e as crianças depois de tempos tão conturbados. Ouve os primeiros trovões e se põe a recolher a louça para ir logo para casa.

*diário do seije*

## 3/4

Está cada vez mais comum encontrar pessoas se sentindo traídas financeiramente. TRAIÇÃO CONJUGAL PARECE MENOS GRAVE DO QUE TRAIÇÃO FINANCEIRA ATUALMENTE. Novos tempos. Novos valores. Alguns têm a oportunidade de dialogar, expor seus sentimentos e chegar a um consenso na relação, mas mantêm-se implacáveis, colocando seu orgulho e seu individualismo à frente dos sentimentos de amor, companheirismo e amizade. Outros sofrem pela total impossibilidade de viver um amor após tantos planos. Como eu queria poder ter Cecília ao meu lado.

### 13 de abril, consultório da doutora Cleide

O tique-taque do relógio se sobressai no silêncio da sala de espera. Três pessoas no mesmo recinto e nenhum olhar se cruza. A recepcionista arruma fichas, uma jovem senhora quase esconde o rosto entre as páginas de uma revista, Fernando verifica as mensagens no celular. Doze dias após o infarto, acha que seu coração não vai aguentar de tão acelerado que está. O telefone toca, quebrando o silêncio, e a recepcionista anuncia:

– Senhor Fernando, pode entrar na sala dois.

A vontade de Fernando é ir embora dali o mais rápido possível. Nunca se imaginou naquela situação. O contato mais próximo que teve com psicólogos foi em entrevista de emprego. Sequer sabia direito o que dizer, o que fazer.

– Que bom vê-lo, senhor Fernando. Nos deu um susto – cumprimenta a psicóloga.

– Felizmente, passou.

– Quando conversamos pelo telefone, o senhor me disse que tinha urgência para falar de sua mulher. Ela está bem?

– Aparentemente, sim.

– Em que posso ajudá-los?

– Não sei por onde começar.

A doutora Cleide oferece algumas castanhas, chá e água, mas Fernando recusa. Inspira. Num impulso, solta a frase que ensaiou muitas vezes na frente do espelho.

– A senhora pode me ajudar a descobrir se minha mulher é uma compradora compulsiva?

– Ah, claro! Um instante que vou pegar minha bola de cristal no armário – responde a psicóloga, com um sorriso largo. Ambos riem. Fernando relaxa os ombros, recosta-se na cadeira e ouve atentamente.

A doutora Cleide explica que, apesar de ser uma especialista em oniomania, mais popularmente conhecida como compulsão por compras, o diagnóstico é feito em conjunto com um neuropsicólogo e um psiquiatra.

– Minha mulher jamais se sujeitaria a vir aqui ou ir a um psiquiatra. Preciso saber sem a participação dela.

A resposta de Fernando escancara a inconsistência da situação.

– Por que o senhor precisa saber, já que ela não aceitará ajuda?

Fernando se remexe na cadeira e tenta se explicar.

– A senhora não vai entender. É algo complicado. Uma história maluca de minha mãe.

– Se o senhor me contar, talvez eu entenda.

Após hesitar por alguns instantes entre falar e ir embora, Fernando resolve falar. Conta sobre a carta e o desafio que a mãe lhe deixou. Que tomou os cartões de crédito da mulher, que ela o deixou, que ele teve um infarto. Que conversaram no hospital e ela voltou para casa. Que, antes de ir para o consultório, devolveu os cartões de crédito para a mulher como um voto de confiança.

– Depois de lhe dar um voto de confiança, como vou dizer a ela para ir a um psicólogo ou um psiquiatra porque minha mãe, que já morreu, exige um diagnóstico para que eu tenha direito à herança?

– E o senhor? Acredita que sua mulher tem problemas?

– Se ela for uma compradora compulsiva, sim. Mas não acho que é o caso de Lívia.

– Independentemente de qualquer diagnóstico, o senhor vê no comportamento de sua mulher algo diferente do normal, que afeta de alguma forma o relacionamento familiar?

– Mulheres gastam bastante, e Lívia vem de família rica. É filha única, perdeu a mãe ainda menina e é mimada pelo pai até hoje.

– O senhor não me respondeu. Vou mudar a pergunta. O que levou sua mãe a fazer um pedido como esse antes de morrer?

Mais alguns segundos de silêncio.

– Minha mãe nunca se deu bem com Lívia.

Foi tudo que conseguiu expressar numa fala meio robotizada, mirando um ponto fixo à distância.

– O senhor acha, então, que sua mulher tem um comportamento normal que em nada interfere na vida do casal, mas mesmo assim precisa saber se ela é ou não compulsiva para atender a um pedido de sua mãe, que já morreu? Entendi corretamente?

Com ar de quem ainda está longe dali, Fernando apenas concorda com a cabeça. Sabe que isso não tem coerência, mas não consegue verbalizar o que se passa em sua mente. Por fim, faz uma pergunta.

– O que diferencia uma pessoa que gosta de fazer compras de uma compradora compulsiva?

A doutora Cleide explica que existe um questionário para analisar o perfil do paciente. Se, das perguntas feitas, cinco tiverem respostas positivas, o paciente é encaminhado para um psiquiatra, que fará a avaliação com ajuda de um neuropsicólogo.

– O senhor gostaria de conhecer esse questionário?

– Se for possível, gostaria sim.

A doutora Cleide vira a tela do computador para Fernando, que lê atenciosamente item por item:

1. Preocupa-se excessivamente com compras e tem medo de viver situações em que se veja impedido de comprar?

2. Quando faz compras se sente aliviado de angústias, tristezas e aborrecimentos para, em seguida, arrepender-se e sentir-se culpado?
3. Já tentou mudar de comportamento, reduzindo ou controlando as compras sem sucesso?
4. Compra em excesso coisas desnecessárias ou mesmo que nunca vai usar?
5. As compras geram problemas financeiros, afetando a vida pessoal e familiar?
6. Geralmente esconde o que compra para evitar críticas?
7. É capaz de mentir ou enganar para obter recursos para fazer compras?
8. Já deixou de pagar contas essenciais para poder continuar comprando?

Ao terminar de ler, Fernando se ajeita na cadeira.

– Quer perguntar alguma coisa, senhor Fernando?

– No momento não, mas gostaria, se possível, que me enviasse essas perguntas por e-mail.

– Vou lhe enviar também um *link* com uma entrevista interessante, que pode ajudá-lo a entender melhor o assunto.

A doutora Cleide mostra-se cordial e disposta a ajudar. Explica um pouco mais sobre esse transtorno da impulsividade, que atinge de dois a oito por cento da população, e a importância de buscar a ajuda de profissionais especialistas. Coloca-se à disposição caso Fernando queira agendar um horário para a mulher.

Fernando sai do consultório com dor de cabeça. Se não fosse a possibilidade de resolver seus problemas financeiros com a herança da mãe, jamais mexeria com essa questão de Lívia. Será que ela aceitaria ir à psicóloga com ele? Não! Ele já estava delirando. Melhor tomar um analgésico e ir para o trabalho.

### 30 de abril, apartamento de Isabel

Já passa das nove horas e Isabel ainda não conseguiu sair da cama, exausta pela correria do dia anterior. Bud passou mal. Teve que socorrê-lo e ainda dar conta dos outros compromissos. Agora ele dorme sob efeito do analgésico. Isabel, ainda debaixo do edredom, fica ali velando o sono dele, sentindo-se gratificada por ter a companhia de um animalzinho tão dócil. Ele a entende muito mais do que um ser humano. Senta-se na cama, espreguiça-se e em seguida cruza os braços sobre o estômago, que começa a revirar. Quer acreditar que Bud vai viver para sempre. Vai até a janela. Ao abri-la, debruça-se no beiral, admira o dia. O sábado está só começando.

Ouve o barulho da correspondência raspando debaixo da porta e vai até a sala. Pega os envelopes. Extrato de banco, conta de luz, conta da TV a cabo e uma correspondência da escola de gastronomia. Deixa as outras cartas sobre a mesa e, colocando o envelope contra a luz, rasga a lateral com força. Será que desistiram da permuta e não poderá mais frequentar as aulas?

Surpreende-se. A carta a parabeniza pelos excelentes resultados nas últimas aulas práticas e comunica que foi indicada para estagiar no Faísca, um conceituado restaurante português na ilha da Madeira, justamente a terra natal de sua mãe. Isabel custa a acreditar! Grita e pula com a carta na mão.

Bud acorda e mal consegue abrir os olhos. Ela o abraça e beija, ele abana o rabo sem muita euforia e se deita de novo.

– Preciso compartilhar esta alegria.

Digita os números da irmã e se decepciona com o sinal de ocupado. Liga em seguida para uma amiga. O telefone toca e ninguém atende. Tenta ligar para Viviane de novo. Agora está chamando.

– Vivi, tenho uma ótima notícia!

– Bel, não sou surda. Pode falar mais baixo?

Conta a novidade a Viviane e a convida para um jantar de comemoração. Viviane pergunta de Bud e imediatamente a voz de Isabel quase some.

– Está dormindo, meio sedado com o remédio para a dor. Mas ele vai ficar bom. Quero acreditar que ele vai reagir.

Após ouvir palavras de otimismo de Viviane, Isabel desliga o telefone e vai fazer suas coisas. Ao ver o relógio marcar dezessete horas, leva um susto. O tempo voou. Hora de mais uma dose de remédio para Bud. Pega uma banana, que Bud adora, corta uma grossa rodela e embute nela o comprimido.

Isabel entra no quarto falando com o cachorro.

– Larga de preguiça, menino. Olha o que eu trouxe pra você.

Bud não se mexe. Ela deixa a banana cair e chacoalha o animal, tentando erguê-lo. Tenta ouvir seu coração. Talvez ele esteja fraco demais para escutar. O corpo dele está quente. Isabel pega um espelho na bolsa e coloca-o diante do focinho de Bud. Ele ainda respira, mas muito fraquinho.

Ela senta no chão, abraça-o e ouve um gemido baixo.

– Fica mais um pouco, amigo. Preciso de você.

Bud continua gemendo baixinho, até silenciar. Uma lágrima escorre dos olhos que ele já não consegue abrir. Os soluços de Isabel inundam o ambiente. Ela encosta o rosto na cara de Bud e chora toda a sua dor.

Alguns dias depois chegam as cinzas de Bud. Isabel as coloca em uma caixa que Viviane lhe dera ao saber da cremação. Alisa a foto dele na tampa e chora muito.

### 5 de maio, no restaurante

Paredes rústicas, flores do campo contrastando com a madeira escura das mesas e cadeiras, rodeadas por uma galeria com quadros ao alto. Luzes indiretas e *blues* completam o clima aconchegante do bistrô. Lívia parece feliz. Seus olhos brilham. Isso deixa Fernando em paz. Enquanto esse brilho nos olhos permanecer, sua união não sofrerá mais ameaças. O vinho sul-africano recomendado chega à mesa junto com os antepastos. Fernando aprecia o buquê com aprovação. A *sommelier* enche a outra taça e se retira.

Fernando e Lívia brindam aos oito anos de união.

– Um brinde à vida e um brinde ao nosso amor – propõe Fernando.

– Que sejamos felizes sempre! – responde Lívia.

O tilintar dá o efeito mágico que inebria qualquer resquício de razão que possa ofuscar o momento com questões materiais. Um recomeço na relação. Tudo o que eles precisam após tantos desgastes.

Segurando a mão de Lívia, Fernando fala algo que vem de sua alma e não pode conter.

– Acredite, tudo que eu fizer será sempre pensando no melhor para você e para nossas filhas.

– Este vinho é realmente especial. Conseguiu deixar você ainda mais sensível.

Fernando sorri e se dá conta de que se sente culpado por ter ido à psicóloga. No fundo, agiu como um traidor. Sua mulher é maravilhosa. Confirmará em breve que ela não tem o perfil de uma compradora compulsiva; trata-se apenas de uma mulher vaidosa como a maioria das mulheres. Concluirá seu desafio com a ajuda de Seije e tudo ficará bem.

– Parece que você foi até a lua e voltou – Lívia diz.

– Estava apenas relembrando bons momentos – Fernando disfarça.

Uma retrospectiva dos melhores momentos vividos desde o namoro e os planos de uma segunda lua de mel deixam a noite romântica e prazerosa. Fernando pede um café para encerrar o jantar e a conta. O café chega, e, enquanto toma o primeiro gole, Fernando abre a capa de couro suntuosa que abriga a conta. Quase engasga ao ver o valor. Aproxima-se de Lívia e fala entredentes, para não chamar atenção.

– Lívia, tudo aqui é caríssimo.

– Você me pediu para escolher um lugar especial.

– Que pudéssemos pagar! Devia ter desconfiado dessa sua antecipação em escolher os pratos, o vinho, deixando tudo reservado. Só pra eu não ter acesso ao cardápio e não ver os preços. Estou certo?

– Eu só queria uma noite especial sem essa sua insistente preocupação com preços. Tem coisas que não têm preço e merecem ser vividas.

– Merecer, nós merecemos, mas temos que ter noção de nossos limites.

– Deixa que eu pago com meu cartão de débito. Recebi a mesada do meu pai esta semana.

Fernando não pode acreditar que aquilo está acontecendo. Mesmo após pedir, inúmeras vezes, que Lívia não aceitasse mais a mesada do pai, ela ainda a aceita. Não faz a mínima questão de poupá-lo da humilhação de dizer que o pai sustenta seus caprichos. O encanto da noite se desfaz.

O garçom chega com a máquina, e Fernando entrega o cartão de crédito. Recebe o tíquete e a nota fiscal. O *maître* se aproxima para puxar a cadeira de Lívia, entrega-lhe rosas e uma caixa com duas taças com o nome do bistrô como cortesia pelo aniversário de casamento.

Na frente do restaurante, enquanto esperam o manobrista trazer o carro, não dizem nada. Fernando mal segura a ebulição de palavras ácidas e tem certeza de que com Lívia não é diferente. Ela quebra o silêncio, contrariando as expectativas do marido.

– Por que estragar uma noite tão linda por causa de alguns reais? As coisas vão melhorar, claro que vão, meu amor. Para que ficarmos zangados? Foi o melhor aniversário de casamento que já tivemos.

Fernando não responde. Tem que admitir que qualquer um adoraria uma noite como a que acabou de passar, mas o preço, meu Deus, o preço. Melhor não pensar. O fato de Lívia não abrir mão da mesada do pai o deixa em farrapos. Ela sabe disso e talvez o objetivo seja humilhá-lo. Como ela pode fazer uma reserva em um lugar mil estrelas na situação em que se encontram? A raiva cresce, e Fernando tenta controlar os gestos bruscos. Mesmo assim, bate a porta do carro, joga as taças no banco de trás sem o menor cuidado e dispara cantando pneus. Lívia ainda vive no mundo da filha única de pai rico. Infelizmente, ele sempre ajudou a mimá-la. Sabe que errou e agora terá que consertar esse erro. Não sabe como, mas terá que ajudar Lívia a amadurecer e viver com os pés no chão.

O semáforo se aproxima, e antes que ele possa parar Lívia encosta-lhe os lábios no rosto. Vira-se para beijá-la e o brilho nos seus olhos confunde-se com a claridade da rua. O carro para. Sente o perfume de Lívia e concorda que o melhor a fazer agora é curtir o final da noite.

Fernando acelera, feliz.

**6 de maio, escritório de Viviane**

O dia no trabalho mal começou e Viviane já se sente cansada. Ainda não está completamente refeita da morte da mãe e tem todos esses problemas financeiros para administrar. Ficou também chateada com a morte do Bud. Coitada da Isabel! Ouve o sinal de mensagem chegando no celular. Sem ânimo, primeiro ajeita sobre a mesa as pastas que trouxe de casa, liga o computador e só então apanha o celular. Pendura a bolsa no encosto da cadeira e abre a mensagem.

"Bom dia, Viviane. Não podemos mudar o que já aconteceu, mas podemos fazer novas escolhas para ter uma vida melhor daqui para a frente. Você poderá tornar este dia especial. Basta querer.

Abraços, Seije."

– Você acaba de tornar o meu dia especial – Viviane sussurra, olhando para o celular. Fica alguns instantes imóvel, relembrando a imagem de Seije no último encontro.

A mensagem surte efeito. Viviane se sente encorajada, animada para cuidar de suas coisas e decide que hoje vai resolver sua dívida com o cheque especial. Vai mudar sua vida financeira a partir de hoje.

Levanta-se para ir até o departamento de recusos humanos pedir informações sobre um empréstimo. Hesita, não sabe se entra ou não no RH. Passa direto pela entrada, vai ao banheiro e tranca a porta. Respira fundo. O que fez de sua vida? Como chegou a esse descontrole financeiro? Melhor não arranhar sua reputação de excelente planejadora e ir direto ao banco.

Minutos depois, dentro da agência, anda de um lado para outro até que avista a coordenadora do RH. Fatalmente ela puxaria assunto. O que dizer? Mentir seria a solução. Que vergonha!

Vê um homem acenando para ela. Magro, alto, no máximo trinta e cinco anos, mas com uma aparência séria, ele faz sinal para que Viviane o acompanhe. Com um "obrigada, meu Deus" em mente, Viviane apenas acena para a colega do RH e apressa-se, seguindo o gerente.

Na pequena sala fria, sentada diante do homem magro e sério, Viviane cuida do tom de voz e revela a situação financeira. Ele pede o número da conta e explica que fará algumas simulações para verificar qual a melhor opção para ela. Vira-se para a mesa lateral equipada com computador e impressora e começa a digitar com muita agilidade, sem olhar para o teclado. Concentrado nas telas que mudam rapidamente, continua digitando números e mais números com pequenas pausas. Sem perceber, Viviane começa a bater os dedos sobre a mesa. O gerente avisa que já está terminando. Ela se dá conta da inconveniência e para. Finalmente ele se vira, mas Viviane não consegue ler em seu rosto se ele lhe dará uma boa ou má notícia.

– Aconselho um empréstimo consignado, cuja taxa de juros é a menor que o banco pode lhe oferecer.

Retira da impressora a folha impressa e a mostra a Viviane. Circula com uma caneta o número de parcelas e o valor de cada uma, mas antes que explique qualquer coisa, Viviane se manifesta.

– Isso é um absurdo, um verdadeiro assalto!

– Desculpe, senhora Viviane, não quero ser indelicado, mas absurdo é o que a senhora estava pagando de juros todos os meses, alimentando a dívida. Agora a senhora vai pagar um valor mensal inferior ao que pagava de juros para amortizar o débito.

Viviane se levanta e responde:

– E por que não me ligaram antes, propondo uma negociação para evitar que eu pagasse tantos juros? Para oferecer seguro, cartão de crédito, previdência privada e título de capitalização, o banco me liga inúmeras vezes, mas para me orientar, nunca.

– Concordo com a senhora. Por favor, sente-se.

– Concorda nada – esbraveja Vivi como uma leoa enjaulada rugindo para seu domador. – Os gerentes são os primeiros a empurrar produtos para cumprir suas metas, sem se importar se é bom ou ruim para o cliente. Fazem o que querem, depois mudam de agência. E o cliente que se dane. Estou farta de tudo isso!

A postura de inabalável tranquilidade do gerente tem o efeito de uma ducha de água fria no caloroso discurso. Teria aquela minúscula sala um tratamento acústico? O banco inteiro deve ter ouvido o que ainda ecoa no ambiente.

– Por favor, dona Viviane – insiste o gerente com voz gentil, olhar sereno, apontando a cadeira. – Se a senhora permitir, explicarei as novas regras do banco e de que forma poderei ajudá-la.

Viviane senta-se, ouve as explicações e entende por que o gerente não se abalou. Ele não só sabia que ela tem razão como ele tinha uma nova proposta de atendimento para lhe apresentar. Se ela o tivesse ouvido, o protesto teria sido desnecessário. Mas estava com aquilo entalado na garganta. Precisava falar para alguém do banco, e o gerente foi o premiado com sua ira. Como uma fera domada, ela se propõe a ouvir sobre o empréstimo. O gerente explica em detalhes as simulações feitas e pacientemente esclarece todas as dúvidas de Viviane, que se convence de que o consignado é a melhor saída. Além de taxa de juros menor, tem uma carência de sessenta dias para iniciar o pagamento.

– Posso dar andamento ao consignado então?

— Sim. O que será preciso?

— Apenas a confirmação de alguns dados e a assinatura.

O gerente segue falando os dados em voz alta para Viviane confirmar. Digita outros dados do empréstimo e imprime o documento. Viviane lê e depois assina toda a papelada.

— Hoje mesmo o dinheiro cairá na sua conta.

— Obrigada por sua atenção e me desculpe. A situação me estressa e minha experiência com o atendimento do banco não é das melhores. Espero que de agora em diante tudo mude de fato.

— Gostaria de me acompanhar até a copa para tomar uma água ou um café? Podemos sair por esta outra porta, que encurta o caminho.

Viviane entende o recado e aceita o convite. Aquela porta deveria ser uma estratégia do banco para ocultar clientes com acessos neuróticos. Ela acompanha o gerente e alguns passos depois se encontram diante de uma máquina de café. Sem se sentir confortável com a proximidade depois de tamanho vexame, Viviane lança um olhar para o relógio e inventa uma reunião que se iniciará em cinco minutos.

— Tenho que ir. Mais uma vez, muito obrigada.

Ele esboça um sorriso e lhe entrega um cartão de visitas.

No elevador panorâmico, Viviane admira o céu e sente-se leve como as nuvens. Tirou um grande peso de sua vida fazendo essa negociação. De forma meio desastrosa, mas conseguiu. Em poucos minutos, o RH saberá do empréstimo. Será que isso afetará sua carreira? Queria evitar essa exposição, mas ainda não perdeu o juízo a ponto de pagar mais caro para ocultar sua situação. Pensando melhor, o fato de fazer um empréstimo bancário não necessariamente significa que ela esteja endividada. O empréstimo poderia ser para uma viagem, para comprar algo para a casa ou outra coisa qualquer. Não há o que temer. Basta seguir os conselhos de Seije e cuidar melhor do próprio dinheiro.

diário do seije

**6/5**

Hoje enviei uma mensagem para Viviane para motivá-la a agir. Já se passaram quarenta dias e até agora ela não tinha feito nada para diminuir os juros das dívidas. Funcionou! Ela tomou uma atitude e foi ao banco, mas ri muito com o relato dela. Pagou o maior mico porque se descontrolou, mas conseguiu negociar com PARCELAS QUE CABEM NO SEU ORÇAMENTO. Poderia ter evitado esses quarenta dias de juros altos, mas o orgulho não deixou. Tudo tem seu preço.

## 17 de maio, apartamento de Seije

Seije termina de preparar o café e senta-se na pequena mesa da cozinha. Tem um longo dia pela frente. São seis e meia da manhã e está acordado desde as cinco. Não conseguiu dormir mais. Com a meditação, acalmou a agitação da mente. Agora tranquilo, sente-se pronto para ir ao encontro de Fernando, que alega urgência após muito protelar o encontro para definirem as próximas ações. Finalmente Seije poderá entregar a Fernando a avaliação do questionário respondido. Apesar de Fernando dizer que está tudo bem e que só precisa de uma ajuda na renegociação das dívidas, Seije sabe que nada está bem. As respostas de Fernando ao questionário demonstram isso.

A situação financeira do rapaz é de alerta geral. Não enxergar ou enfrentar a realidade só piora as coisas para quem está endividado. Em qualquer situação da vida, não existe solução sem enfrentamento. Além disso, se o endividamento se agravou com a recusa da ajuda financeira do sogro, isso significa que o padrão de vida estava realmente desajustado.

Para complicar, Lívia parece ter o perfil da compradora compulsiva. Sophia havia falado da nora algumas vezes e da dificuldade de Fernando perceber como Lívia é de fato. Enquanto fizerem de conta que nada grave está acontecendo, a relação vai se deteriorar e a vida financeira também. Seije sabe que há grandes dificuldades a serem vencidas nesse caso: Lívia tem de admitir que precisa de ajuda; e Fernando tem de admitir que a mulher talvez não seja apenas uma mulher vaidosa, mas portadora de uma doença mascarada até então pela abundância de dinheiro. Tudo isso está muito claro para Seije, mas o processo de conscientização do casal demanda algumas etapas. Fernando precisa se empenhar em buscar ajuda psicológica para conseguir conduzir a situação, caso contrário, será difícil manter a harmonia que tanto deseja.

Às sete e meia da manhã, Seije desembarca na estação de metrô Vila Mariana e se dirige a um pequeno café em uma travessa da Rua Domingos de Morais. Fernando não quis ir aos lugares habituais da Avenida Paulista, onde poderia encontrar algum colega de trabalho. Escolheu um lugar mais reservado na rota dos dois. Seije avista Fernando sentado em uma das mesas ao fundo do café e vai ao seu encontro.

– Desculpe por ter marcado tão cedo – diz Fernando.

– Sem problemas. Trouxe o seu questionário para conversarmos.

– Podemos ver o questionário outro dia? Preciso de uma orientação urgente e não posso me atrasar para o trabalho. Tenho uma reunião na primeira hora.

Seije sabe que o rapaz está protelando a análise, mas coloca-se à disposição para ajudá-lo. Fernando mostra para Seije as negociações que conseguiu para os cartões de crédito e o cheque especial e confessa que não imaginava que devia tanto dinheiro assim. Constata que os juros mensais são absurdos.

– Realmente a situação não é nada boa – conclui Seije, olhando os papéis. – Mas há algo positivo nesse processo.

– Positivo?

– Sim. Você se predispôs a enxergar a situação. Enquanto isso não acontece, a dívida cresce sem parar. Quando você a enxerga, busca caminhos para estancá-la.

– Verdade! Desde que vi esses valores, não consigo dormir, pensando em como resolver a situação. Ao mesmo tempo, não me perdoo por ter deixado a dívida chegar a esse ponto.

– A esta altura, sentimento de culpa só atrapalha. Seja prático e faça o que precisa ser feito – Seije aconselha.

O mentor examina com atenção cada uma das propostas. Pega do bolso a calculadora financeira, faz alguns cálculos e esclarece Fernando.

– Esta proposta de negociação está com juros de quatro e meio por cento e esta outra, com quase cinco por cento. São altíssimos. O melhor neste momento seria um empréstimo com juros em torno de um e meio por cento.

– Mas o banco me disse que a taxa é três por cento e alguma coisa. Como você chegou a esse valor?

– Normalmente o banco embute algumas outras taxas e seguro. Na realidade, você acaba pagando um valor maior do que pagaria se fosse apenas a dívida e os juros.

– Fico revoltado de ter de negociar com quem já lucrou com a dívida e quer lucrar ainda mais. Só que agora não adianta lamentar. Como posso conseguir essa taxa mais baixa? No próprio banco?

– Tente um empréstimo consignado. A taxa de juros é muito menor porque o risco é baixo para o banco. Ou venda algum bem.

Fernando toma seu café atento às orientações de Seije, que o aconselha a pedir um levantamento de toda a dívida, considerando os valores que foram parcelados e que virão nos extratos futuros, além de buscar taxas de juros mais baixas. Nesse momento, o olhar de Fernando fica vazio, revelando o pensamento distante. Alguns segundos depois, desabafa.

– Foi exatamente isso que disparou a tormenta que estou vivendo.

Fernando mostra o levantamento dos próximos extratos. Descobriu que, após ter o cartão de crédito de volta, Lívia fez um estrago em compras, e que ele só acreditou que aqueles dados eram reais depois de fazer uma coisa que nunca havia feito antes. Vasculhar todos os armários da casa. Foi assim que encontrou sacolas e mais sacolas de roupas ainda na embalagem. Sapatos intactos nas caixas.

Tudo de grifes caras. Mas a maior surpresa veio quando abriu a gaveta de *lingerie*. Viu peças que ela nunca usara com ele. Por que tantas diferentes se ela usa sempre as mesmas? Ficou perturbado, pensando que Lívia talvez o estivesse traindo.

– Fernando, não crie fantasmas ainda maiores. Se Lívia for mesmo uma compradora compulsiva, ela compra em demasia pelo simples prazer de comprar, não necessariamente pelo prazer de usar.

– Será?

Seije reafirma a necessidade da ajuda psicológica. Fernando terá que achar a melhor forma de lidar com Lívia para resolver o problema. Não há outra saída. Deixar o cartão de crédito com ela é ignorar o problema.

– E se eu vender um dos carros para quitar as dívidas à vista?

– Você pode dispor de um dos carros?

– Venderia o meu porque o de Lívia foi presente do pai dela, e ela jamais concordará em vendê-lo.

– Seria uma ótima saída no momento.

– No momento?

– A causa está no excesso de consumo. Pagar a dívida resolve o problema imediato, mas, se as compras não cessarem, o endividamento será recorrente – Seije reforça.

Ele pede todos os papéis a Fernando para que possa fazer um estudo mais detalhado e insiste que devem combater o problema pela raiz, e não apenas contorná-lo. Fernando acena afirmativamente com a cabeça e mantém o olhar fixo na mesa. Sentindo que o peso da situação abate o rapaz, Seije lhe faz uma proposta:

– Fernando, você tem aí uma agenda e caneta?

– Sim. Na pasta.

Ele pega a agenda e a coloca sobre a mesa. Pega a caneta que está no bolso da camisa.

– Anote na data de hoje o que deseja para a sua vida neste momento.

Fernando faz as anotações.

– Agora leia o que escreveu.

– Desejo pagar todas as minhas dívidas, organizar a minha vida financeira e viver em paz com minha mulher.

– Agora escreva o que precisa ser feito para que isso se concretize e leia – pede Seije.

Fernando escreve e em seguida diz:

– Para pagar todas as minhas dívidas, preciso levantar uma quantia em dinheiro ou fazer algum empréstimo com juros menores. Fazer uma planilha de orçamento mensal. Quando estiver com as finanças em ordem, minha vida com Lívia voltará ao normal.

Confira na página 230 ou baixe aqui

Seije pede que, em casa, Fernando releia o que anotou e reflita com mais profundidade sobre o que realmente precisa ser feito para viver em paz com a mulher, não apenas do ponto de vista financeiro. Sugere que ele pense seriamente como fará para reduzir o consumo e conseguir que Lívia pare de fazer compras desnecessárias.

– Procure na agenda uma data para o próximo encontro. Tenho de lhe passar a análise do seu questionário.

Com a testa franzida pela tensão, Fernando concorda e agradece a Seije.

– Se tiver dúvidas, pode me ligar. Lembranças para Lívia.

Já na rua, Seije caminha em direção à estação do metrô, ainda incomodado com a situação de Fernando. Enxergar a situação real assusta, mas Fernando tem que entender que o endividamento se formou durante anos e não se resolverá de uma hora para outra. No momento, todo cuidado é pouco para não provocar uma crise ainda maior no relacionamento.

*diário do seije*

17/5

Faz só um mês e meio que Fernando infartou, e ter de enfrentar os problemas causados pelo endividamento não é nada fácil. Tudo indica que ele <u>não percebe a gravidade da situação</u>, motivada principalmente pelo excesso de gastos da mulher.

A negociação com os bancos requer paciência e muitos cálculos. O caso dele poderia ser encaminhado para o Programa de Atendimento ao Superendividado do Procon de São Paulo, mas Fernando disse não ter tempo para isso.

O ORGULHO E A NEGAÇÃO DA GRAVIDADE DA SITUAÇÃO SÃO UM GRANDE OBSTÁCULO NA VIDA. Fiz a minha parte. Apontei quais as negociações a fazer e sugeri a venda de um bem para amortizar parte da dívida.

Tarefa: motivá-lo a continuar com o processo de negociação sem desanimar.

---

Trabalho conjunto do Núcleo de Tratamento do Superendividamento da Fundação Procon-SP e do Centro Judiciário de Solução de Conflitos e Cidadania do Tribunal de Justiça do Estado de São Paulo que tem por objetivo auxiliar os consumidores superendividados, orientando e promovendo audiências de renegociação de dívidas. Acesse www.procon.sp.gov.br/categoria.asp?id=573.

## 4 de junho, apartamento de Viviane

Mais uma vez Rodrigo não ficará com os filhos no fim de semana. Provavelmente, está com namorada nova, pensa Viviane. É uma boa oportunidade para se aproximar dos filhos e pedir a colaboração deles, conforme sugestão de Seije. Os dias têm sido exaustivos. Correndo atrás de papelada, fazendo negociações – mas já vislumbra algum resultado.

Viviane observa os filhos se aproximando do carro. Olha para Carla, se vê menina, são bem parecidas. Ela anda como se desfilasse. Ajeita o longo cabelo castanho, certificando-se de que há uma mecha sobre cada ombro. Veste *jeans*, sapatilha, camiseta branca e um lenço xadrez no pescoço. Uma mocinha. Felipe, de bermuda, tênis, camiseta e um boné com a aba virada para trás, mistura traços dos pais e herdou o que cada um tem de melhor fisicamente.

Tão logo chegam ao lado do carro, a discussão começa.

– Eu vou na frente – Carla fala, empurrando o irmão com o quadril quando ele se aproxima.

– Não precisava empurrar, eu só ia dar um beijo na mamãe.

Viviane repreende Carla. Carla reclama e, em protesto, tira os fones do bolso, coloca-os nos ouvidos e não troca uma palavra com a mãe. Do banco de trás, Felipe abraça o pescoço da mãe e a beija.

Viviane dá a partida no carro e segue para a lanchonete mais próxima. Um tempo depois, enquanto os filhos saboreiam enormes cachorros-quentes, Viviane passa as mãos nos cabelos de Carla.

– Seu cabelo está lindo! – diz Viviane.

Tirando os fones do ouvido e abrindo um sorriso, Carla conta que passou a prancha e depois um reparador de pontas que comprou. Viviane não presta atenção na resposta, mas só de obtê-la fica satisfeita. Encontrou um caminho para iniciar um diálogo com a filha, algo que tem sido quase impossível. Viviane continua conversando com Carla sobre cremes até ter certeza de que conquistou a atenção da filha. Chama Felipe para a conversa e informa que tem algo para lhes dizer.

– Hoje pagarei a mesada de vocês, mas antes precisamos conversar.

– Sabia que vinha alguma bomba – Carla reclama.

Viviane fala sobre os próximos meses, quando terá a dívida do banco para pagar. Precisa da ajuda dos dois. Pede a Felipe que seja o guardião da luz e lhe entrega uma lanterninha de bolso. Felipe pega a lanterna, acende-a e mira nas paredes, dizendo-se o guardião da luz.

– E o que faz o guardião da luz, mamãe?

– Ele não deixa o *video game*, a tevê ou o computador ligados o tempo todo, cuida de que não fique luz acesa onde não há ninguém, evita que a porta da geladeira fique aberta por muito tempo e toma banhos rápidos.

– Vou ter que fazer tudo isso?

– Só isso! – diz Carla.

– Carla, por favor – pede Viviane colocando o dedo indicador na frente dos lábios.

– Não aguento esse moleque mimado.

Viviane reforça o gesto, pedindo que Carla se cale, e continua se dirigindo a Felipe.

– Vai ter que fazer tudo isso e será recompensado com um passeio se a nossa conta de energia baixar.

Felipe se empolga com a lanterna e fica brincando enquanto Viviane conversa com Carla.

– Filha, preciso da sua ajuda também. Algumas atitudes simples precisam ser ajustadas.

– Pode falar, dona Viviane.

– Banhos de dez minutos no máximo. Seu celular passará para pré-pago e só compraremos roupas e sapatos quando realmente for necessário, tá?

– Estamos tão pobres assim? – pergunta Carla com cara de espanto.

– Estamos em fase de economia para melhorar nossa situação financeira.

– Mas meu pai te dá dinheiro todo mês. Esse dinheiro dá pra comprar roupa, pagar o celular e meus passeios no *shopping* com minhas amigas, não dá?

Viviane explica que a quantia mensal que Rodrigo paga não cobre as despesas com os estudos dela e do irmão. Lembra à filha que, desde a separação, ela tem arcado com as despesas da casa, condomínio, alimentação, roupas, passeios, dentista, remédios, festas de aniversário, curso de inglês, baladinhas...

– Problema seu e do meu pai. Eu não pedi pra nascer!

Viviane se contém, respira fundo e depois fala baixo, reprimindo a vontade de gritar e sacudir aquela fedelha malcriada.

– O problema é nosso, somos uma família.

– Éramos uma família até você resolver se separar do meu pai. E por falar no meu pai, estou pensando seriamente em morar com ele. Meu pai não se estressa a toda hora, não me cobra nada e quando estou com ele a gente só se diverte. Com você é tudo na marcha. Me sinto um soldado que deve obediência a um general. Pronto, falei!

Viviane se segura porque está num lugar público e promete a si mesma que não vai se deixar contaminar pelas palavras de uma adolescente. Ah, se estivesse em casa! Carla já saberia a consequência de sua arrogância! Mas Viviane terá que manter o controle se quiser convencer a filha a cooperar. Faz-se silêncio. Depois de sentir que os nervos já estão controlados, Viviane responde sem passar recibo.

– Desculpe, Carla, se sou exigente demais. Às vezes isso incomoda a mim também. Vou tentar melhorar.

– Vou conversar com meu pai pra mudar pra lá quanto antes, mas nos fins de semana, se a gente se vir, quem sabe?

Viviane desiste. Carla quer mesmo irritá-la, mas não vai conseguir.

Comem em silêncio, com o ruído do ambiente ao fundo. Entre uma mordida e outra no sanduíche, Felipe brinca com a lanterna. Observando os filhos, Viviane percebe como a vida é simples para uma criança e como se torna dramática para uma pré-adolescente. Já passou por essas fases, por isso tenta compreender a filha. Sua mãe sempre foi paciente nas crises que teve na adolescência. A atitude da mãe suavizava os enormes problemas da época, problemas que a fazem rir hoje. Precisa ser paciente com Carla. Será que ela vai insistir em morar com o pai ou só quis fazer uma provocação? Acalma-se com a certeza de que o ex-marido não vai querer que a filha se mude, não vai querer a responsabilidade de ter uma pré-adolescente sob sua guarda. Resolve não se opor à vontade de Carla e esperar as coisas acontecerem. Por ora, já tem problema suficiente para administrar.

## 25 de junho, apartamento de Isabel

Debruçada na janela, Isabel observa o movimento apressado das pessoas enquanto traga e solta a fumaça como um dragão urbano. O relógio cuco avisa que são oito horas. Isabel apaga o cigarro no cinzeiro que está no batente da janela. Precisa se apressar. Seije é pontual e em meia hora vai tocar a campainha.

Borrifa um *spray* para diminuir o odor do cigarro no ambiente, recolhe os livros espalhados e os empilha sobre a mesa lateral e segue para a cozinha para preparar um suco de abacaxi com gengibre. Pontualmente, às oito horas e trinta minutos, o interfone toca. Seije chegou.

Isabel o recebe com um abraço carinhoso. Apesar de conhecer Seije há apenas dois meses e meio, já o tem como um bom amigo.

– Como está esta menina sumida?

– Além de acordar me sentindo bem, ainda sou chamada de menina. Que ótimo dia!

Eles sorriem. Isabel serve o suco para Seije, que elogia o sabor inédito enquanto observa uma caixa com a foto de Bud colada na tampa.

– São as cinzas de Bud. Mandei cremá-lo. Será que ele continua vivo?

– Tenho certeza de que ele vai estar vivo para sempre na sua memória e no seu coração.

– Sem dúvida. Foi especial em minha vida. Nunca senti tanto uma ausência como a de Bud. Hoje acordei com uma sensação diferente. Tive um sonho que me pareceu muito real. Parece até que vivi aquilo. Me lembro do cheiro do lugar, das cores, tudo. – Isabel alisa a tampa da caixa. Tem os olhos umedecidos.

– Também já tive sonhos assim.

– Sinto que algo mudou dentro de mim. Uma sensação diferente.

– Está me deixando curioso.

Isabel relata que estava num campo com muitas flores amarelas e vermelhas. Seus caules eram muito finos e balançavam a uma leve brisa. Ela avistava Bud e corria ao encontro dele, alegre. Como costumava fazer, ele fugia dela correndo para que ela não o alcançasse, até cansar e se deitar de barriga para cima para receber um carinho. Quando ele se deitou e ela ajoelhou no chão para brincar com ele, viu ao seu lado os pés de uma pessoa. Conhecia aqueles pés. Ergueu os olhos e viu Sophia sorrindo. Imediatamente, Isabel ficou paralisada, sem saber o que fazer. Sua mãe abria os braços para ela. Instintivamente, Isabel se levantou e se jogou nos braços da mãe, fechando os olhos. O perfume dela não a incomodou. Sentiu-se acolhida, amparada por aquele abraço. Ao abrir os olhos e enxugar as lágrimas, Isabel viu uma porta atrás da mãe. A porta se abriu e sua mãe indicou com um gesto que ela entrasse. Ao entrar, Isabel viu nas paredes todos os bilhetes que escrevera para a mãe na infância. Na outra parede, a foto da formatura de Isabel, os artigos que ela tinha publicado sobre sustentabilidade. Isabel perguntou por que ela guardara tudo aquilo. Sophia respondeu que, apesar de não saber se expressar com gestos e palavras, sempre tinha admirado o modo independente, decidido, batalhador e consciente que Isabel tinha de encarar a vida. Isabel a abraçou de novo e se sentiu como sempre desejara se sentir: amada. Bud latiu para chamar sua atenção. Isabeu se virou mas não o viu. Ouviu outro latido, mais outro, e acabou despertando. Havia um cão latindo na rua. Percebeu que estava sonhando, mas a sensação foi muito boa.

– Ainda sinto a alegria de ver Bud e o prazer daquele abraço. Foi tudo muito real. As diferenças que tínhamos, minha mãe e eu, os ressentimentos que se acumularam durante toda a minha vida parecem ter desaparecido. Será que estou ficando maluca?

– Acho que a perda do Bud abriu um espaço no seu coração. Precisa se sentir querida, amada, reconhecida. O sonho de certa forma preencheu este espaço.

– Mas como posso preencher meu coração com algo que não existiu?

– Na verdade, existiu. Nossa realidade é o que sentimos.

– Tem lógica!

– E, por falar em sentimentos, como se sente com o convite para o estágio?

– Esse é o Seije – Isabel diz, sorrindo. – Nunca perde o foco.

Isabel responde que se sente valorizada com o convite e vai aceitar se eles ainda mantiverem a proposta. Agradece a Seije pelas mensagens de encorajamento que enviou desde a morte de Bud. Foram fundamentais para que conseguisse superar a dor da perda e voltar a olhar para a vida.

– Bravo, Isabel!

Isabel surpreende Seije com um abraço de agradecimento.

– Estou mexida como nunca estive antes. Tenho um emaranhado de sentimentos para decifrar. Uma amiga me indicou uma astróloga para fazer meu mapa astral.

– Se o intuito for autoconhecimento, pode ser útil.

– Vou pensar nisso.

– E as finanças?

– Você vai se orgulhar de mim. Vou pegar os controles.

Isabel mostra que já está com saldo positivo. Desde que mudou sua postura diante das oportunidades profissionais, desde que passou a acreditar que seu trabalho tem valor, as finanças mudaram.

– Parabéns! Os números mostram que muita coisa mudou. Já refletiu sobre esta nova história que os números contam?

– Estes números representam minha autoestima reestruturada e a valorização de um trabalho feito com empenho, lealdade e competência.

– Que dia é hoje?

Isabel estranha a pergunta, mas responde.
– Vinte e cinco de junho, sábado, por quê?
– Dia histórico! Marque no calendário e comemore sempre. A ampliação da consciência de nossas possibilidades sempre nos leva a ser melhores do que já somos. Isso merece ser celebrado sempre.

Os dois pegam os copos com suco e brindam. Em seguida, Seije ouve o alarme do celular tocar.

– Já sei, tem um compromisso – zomba Isabel, dando uma piscadela.


Isabel fecha a porta atrás de Seije e acende um cigarro. Dirige-se à janela com algo transbordando em sua alma. Quer encher a casa de flores, quer ouvir música, quer cantar, andar descalça. Está feliz como há muito tempo não se sentia. Não sabe se foi o sonho, se foi a decisão que tomou de aceitar o estágio no restaurante da ilha da Madeira, mas voltou a viver. Uma nova etapa de sua vida começava. Fecha os olhos, relembrando o sonho e mergulhando novamente em suas sensações. Queria ter um aparelho para gravar aquele sonho e poder revê-lo inúmeras vezes.

# diário do seije

**25/6**

Isabel, como eu previa, está se beneficiando com sua mudança interior. Melhorou a autoestima e consequentemente seus resultados financeiros. Superou a depressão pela perda do Bud e vai encarar um grande desafio pelo qual talvez jamais tenha imaginado passar. Está se tornando uma revelação na gastronomia portuguesa. Sabedoria materna! Sophia realmente conhecia cada um de seus filhos e sabia de seus potenciais.

Fico feliz por fazer parte desse processo de mudança na vida de Isabel. Pergunto-me quantas pessoas não se permitem fazer novas escolhas por medo ou orgulho e acabam prisioneiras de situações que as desagradam. Vemos muitos profissionais medíocres que não gostam do que fazem, mas não investem em algo novo por falta de coragem. Isabel é determinada e quando abraça uma causa se entrega por inteiro. Não tem como dar errado. Faltava apenas enxergar novas possibilidades.

## 14 de julho, carro de Fernando

Sentado dentro do carro no estacionamento do banco, Fernando fica alguns minutos imóvel e pensativo. As coisas não estão fáceis. As negociações para quitar as dívidas são extremamente desgastantes. Apesar de toda a gentileza e atenção do banco na hora de oferecer linhas e mais linhas de crédito, se o cliente usar tudo o que lhe é oferecido, inevitavelmente acaba afundando. Nessa hora, passa a ser tratado como um inconsequente que fez tudo errado sozinho. O banco age como aqueles que oferecem apenas alimentos muito calóricos para as crianças se deliciarem e depois as penalizam por estarem gordas.

Fernando está indignado. Os bancos deveriam ser corresponsáveis pelo endividamento, já que, quando o limite da conta de uma pessoa estoura, em vez de oferecerem a ela orientação e uma linha de crédito pessoal para quitar a dívida, simplesmente aumentam o limite, tornando a dívida ainda maior. Dão corda para os clientes se enforcarem. Colocam no *website* textos sobre crédito consciente, mas no dia a dia uma orientação efetiva inexiste. E quem reclama tem que ouvir que "usou porque quis"!

A buzina de um veículo que manobrava no estacionamento interrompe os pensamentos de Fernando. Ele liga o carro, olha no retrovisor e vê que está corado, provavelmente pela raiva que está sentindo. As dúvidas sobre o que fazer o consomem. Não quer pedir ajuda a Seije de novo. Precisa falar com alguém com quem possa abrir seu coração sobre Lívia também. Ao final do expediente, após pensar em várias pessoas, Fernando decide falar com Viviane.

— Até que enfim você atendeu, Vivi — Fernando reclama.
— Meu celular está no silencioso e não vi que estava chamando.
— Preciso muito falar com você, tenho que tomar uma decisão séria.
— Só se você vier aqui, estou sem carro hoje.
— Tá bom. Onde?

Após combinarem um encontro na cafeteria do prédio onde Viviane trabalha, Fernando sai sem sequer se despedir da secretária. Sua cabeça está voltada para os problemas financeiros e também para a atitude que precisa tomar em relação a Lívia. Os quarenta minutos que leva para percorrer um trajeto que deveria demorar quinze minutos estressam Fernando ainda mais.

— Nando, o que aconteceu com você? — pergunta Viviane ao vê-lo. — Parece que passou por um furacão. Está despenteado, abatido. Um molambo!

Fernando passa a mão no cabelo, tentando ajeitá-lo.

— Estou tão preocupado que até esqueço de mim. Vamos sentar e te conto.

Ele relata as inúmeras dificuldades para negociar com o banco. Já tem um empréstimo consignado por causa das dívidas da empresa que fechou e não pode pedir mais um. Pensou em vender o carro para pagar parte das dívidas, mas só consegue um empréstimo pessoal deixando o carro como garantia. Além de tudo, depois do que descobriu nos armários nos últimos dias, sofre com a decepção de ter que admitir que a mulher tem mesmo algum problema emocional. Viviane interrompe o irmão, surpresa.

— Espera aí. Você está me dizendo que Lívia detonava os cartões de crédito direto e você deixou? Como?

— Não sei dizer. Nunca achei que fosse um problema de verdade. Ela sempre foi rica. Queria dar a ela o mesmo padrão que o pai lhe proporcionava. Ficava com raiva ao ver o pai dela dando todos aqueles mimos. Eu queria mimá-la. Ela é minha mulher.

– Nando, você está doente. Sempre achei que Lívia tinha algo esquisito, mas como você permitiu tudo isso? Está mais doente que ela.

– Vim aqui pedir uma orientação, não críticas. Se não for capaz de me ouvir, vou embora.

– Ei! Está se estressando com a pessoa errada. Estou aqui pronta para te ouvir e ajudar. Mas não posso passar a mão na sua cabeça e dizer "coitadinho". Você fez tudo errado o tempo todo, alimentando o comportamento impulsivo de Lívia.

– Ela estava acostumada, eu não podia decepcioná-la.

– Nando, ela se casou com você sabendo que a condição financeira de vocês seria outra. Ela abriu mão das mordomias e excentricidades que tinha com o pai para viver com você. Ela te ama.

– Acho que não. Hoje, somente hoje, enxergo a realidade.

Fernando conta que Lívia só se casou com ele com a condição de ter um padrão mínimo de vida. Sempre deixou claro que não abriria mão do luxo. Fernando, apaixonado, aceitou. Tudo ia bem no começo, e ele acreditava que chegaria a conquistar o padrão de vida que ela desejava. Ele também gostaria de ter esse padrão. Iludiu-se quando abriu o próprio negócio, e, ao ver apenas o faturamento, gastaram desmedidamente. Faliu. Ainda paga dívidas da empresa que fechou e agora está quase falido de novo. Leva as mãos à testa, apoia nelas a cabeça e, em voz baixa, admite que está exausto.

Viviane levanta o rosto de Fernando com uma das mãos e o encara:

– Nunca poderia imaginar tudo isso, Nando. Sempre achei que você estivesse feliz. Imagino como deve estar sofrendo agora.

Fernando tenta conter a emoção. Respira fundo e continua desabafando. Sua voz tem um tom amargurado. Não aguenta mais e não sabe como lidar com Lívia. Desde que a empresa faliu, por causa das retiradas excessivas para uso pessoal, sua vida virou do avesso. Lívia insiste em humilhá-lo. No dia em que infartou, ela tinha ido embora com as filhas após discutirem sobre o confisco dos cartões de crédito. Quando ele saiu do hospital, ela disse que o amava e que ele poderia confiar nela. Ele lhe devolveu os cartões como um voto de confiança.

– Nando, não posso acreditar no que estou ouvindo. Meu Deus, você realmente... Bem, prometi que ia ouvi-lo sem críticas... Continue.

– Depois de prometer que não usaria os cartões, que eu podia confiar nela, ela comprou três vezes mais do que costumava comprar.

– Mas ela sabia que você ia ver, não tem como esconder um extrato.

– Por isso cheguei à conclusão de que ela precisa de ajuda. O problema está acima da capacidade de controle dela.

– Nossa, que enrosco! E o que você pretende fazer?

– Por isso quis conversar com você. Estou com dois problemas sérios. Não sei como falar com Lívia nem como vou levantar dinheiro para quitar as dívidas sem poder vender meu carro.

– Vende o carro dela. Não foi ela quem te afundou?

– O carro foi presente do pai e está no nome dela. Ela não vai concordar.

– Então vamos por partes. Primeiro, tenha uma conversa com ela com os extratos na mão e todas as sacolas expostas. Assim ela não pode negar.

– Não quero humilhá-la.

– Não precisa humilhar, apenas evite que ela fique negando e dizendo que o extrato está errado.

– Pensei nisso, mas estava em dúvida se seria a melhor coisa a fazer. De qualquer forma, ela jamais vai admitir que precisa de ajuda. Conheço o discurso dela.

– Você precisa tentar.

– E você acha justo eu pedir pra ela vender o carro?

– Óbvio! É o mínimo que ela pode fazer pra cooperar. Vocês dois erraram. Ambos têm que buscar uma saída para o problema.

– Também penso assim, mas me falta coragem para admitir. O tempo todo, fico travando uma luta comigo mesmo, mas, depois que enfartei, tomei consciência de que preciso pensar em mim também.

– Com certeza. Tem de encontrar um jeito de viver em paz.
– Vou falar com ela hoje à noite. Ela terá de concordar em vender o carro.

Viviane se solidariza com o irmão e conta sua experiência de negociação das dívidas. Relata o que está fazendo para colocar o orçamento em ordem e desabafa sobre as dificuldades com a filha, Carla. Pede ao irmão que se vejam mais vezes para que um fortaleça o outro.

Ao final do encontro, Fernando mais uma vez percebe quanto as pessoas se espantam com o que diz sobre seu casamento. Será que fez tudo errado o tempo todo? Seria ele o culpado, por ter permitido que Lívia agisse dessa forma durante todos esses anos? O pior foi constatar que ela não era capaz de se adaptar ao que ele podia lhe oferecer. Acreditava que o amor e a dedicação que sempre lhe dispensou supririam a falta do luxo, do supérfluo. Abriu mão do relacionamento com a mãe para evitar conflitos. Realmente estava cego, mas agora quer enxergar, quer a luz, quer paz.

Fernando quase não fala durante o jantar. Ao terminar, levanta-se. Vai até o quarto em busca das sacolas, para mostrá-las a Lívia junto com os extratos. Abre os armários e sente o sangue sumir de seu rosto. As sacolas que estavam entre os cabides tinham desaparecido. Mexe nas roupas, afastando os cabides. Bate no fundo do armário para ver se tem algum tampo solto. Nada! Se conversar com Lívia sem as provas, ela vai negar. Começa a transpirar. Senta-se na cama, apoia a cabeça nas mãos e, ao fechar os olhos, lembra-se do armário das crianças.

Vai correndo até o quarto das meninas. Elas já estão dormindo. Com cuidado ele beija cada uma, ajeita as cobertas de Raíssa e abre o armário. Nenhuma sacola. Fernando fica inconformado. Não foi um delírio. Ele viu todas as sacolas. Devem estar em algum lugar. Ao sair no corredor, Lívia o vê e o elogia por ser tão amoroso com as filhas. Fernando não manifesta nem mesmo um sorriso com o comentário e volta para a sala. Senta-se no sofá e faz uma prece. Agora que está decidido a conversar com Lívia, não acha as provas. Nesse momento um forte vento sacode as cortinas da sala.

Fernando se levanta para fechar a janela. Alguma coisa se enrosca no tecido da cortina: ali estavam as sacolas! Não perde a oportunidade, tira os extratos do bolso e chama a mulher.

– Lívia, o que são estas sacolas?

Lívia fica pálida.

– Sacolas?

– Sim, estas sacolas.

– Fiz algumas compras, só isso.

– Precisamos conversar.

Lívia altera o tom de voz e, já na defensiva, explode.

– Não tenho nada para falar. A vida toda fiz compras e agora você fala como se eu tivesse cometido um crime.

– Você me odeia? – pergunta Fernando.

Lívia não responde.

– Você disse que eu podia confiar em você. Eu devolvi os cartões e você traiu a minha confiança.

– Fiz apenas compras, apenas compras! – Lívia se descontrola. – Foi você quem me traiu, me humilhou quando confiscou os cartões de crédito.

– Se arrependimento matasse, estaria morto por tê-los devolvido. Você realmente precisa de ajuda.

Lívia começa a tremer. Fernando se mantém firme. Está decidido a não se deixar envolver emocionalmente. Não desta vez.

– Você está exagerando. Vai agora me chamar de maluca só porque fiz um pouco mais de compras?

– Meu pai, dai-me paciência! Não adianta negar. Isso vem acontecendo desde sempre. Eu estava cego, mas agora consigo enxergar e quero que saiba que não tem mais volta. Não fecharei mais os olhos para tudo o que você faz. Quero resolver as dívidas, o nosso casamento, e para isso preciso que aceite ajuda.

– Agora quer jogar a culpa nas minhas costas. É você o fracassado, um incompetente, e vem me culpar?

— Chega de me chamar de fracassado! — Fernando grita. — Não sou um fracassado, sou um idiota por aturar seus caprichos. Acabou o faz de conta. Nada vai me fazer apagar o que passei a enxergar. Ou tentamos um caminho para mudar várias coisas em nossa vida, ou vamos parar por aqui. Chegou o meu limite.

Lívia fica calada. Lágrimas rolam pelo seu rosto ainda pálido. Fernando não a agrada como das outras vezes, mas quebra o silêncio.

— Vamos ter de vender o seu carro para ajudar a pagar parte das dívidas — Fernando decreta, ainda com a voz alterada.

— Você está louco. O carro foi presente do meu pai.

— Dane-se! Podia ser presente do papa. Vamos vender e pronto!

— Você está querendo usar o meu carro para pagar suas dívidas daquela empresa falida. Só pode ser...

Antes que Lívia continuasse com o tom ofensivo, Fernando a interrompe de novo.

— Cala a boca, Lívia! Desta vez você não vai me enredar em seu joguinho. Eu já disse. Eu estava cego e passei a enxergar. Se não fossem todas as compras absurdas que você fez estes anos todos nós não estaríamos nesta situação. Eu errei. Assumo. Fui inconsequente ao permitir que você detonasse os cartões. Mas agora não dá mais. O seu carro não paga nem um terço de todo o prejuízo que já tive com suas comprinhas fúteis e inúteis.

— Entendi. Agora quer me ofender. Quer que eu me sinta diminuída. Mas deixa eu te lembrar de que sempre fui clara no que desejava pra minha vida. Você é que não deu conta do recado.

— Fui um idiota, isso sim. Achei que meu amor fosse mais importante.

O silêncio de ambos toma conta do ambiente. Fernando tenta se acalmar enquanto Lívia, sentada no sofá, chora compulsivamente.

— Amanhã colocarei o seu carro à venda. Você pode usar o meu. — Ele fala com um tom de voz baixo como se quisesse atenuar os ecos dos gritos que estão em sua mente.

– Não precisa se preocupar. Não te darei mais prejuízo. Amanhã mesmo me mudo para a casa de meu pai com as meninas.

– Não adianta fugir, Lívia. Os problemas irão com você. Vamos resolver. Fui a uma psicóloga que poderá ajudá-la, se você quiser.

– Agora quer que eu passe por louca pra se fazer de vítima.

– Não sou vítima. Admito que errei muito. Estou disposto a mudar, mas preciso que você mude também ou nossa vida continuará um inferno.

Lívia não responde e vai para o quarto.

Fernando continua ali, sentado, sozinho. Agora não tem volta. Terá que deixá-la ir. Tem rezado muito para Nossa Senhora de Fátima para que o ajude a manter sua família unida, mas sabe que isso não depende apenas dele. Deu o primeiro passo. Amanhã será outro dia. Tira os sapatos e se deita no sofá.

**15 de julho, apartamento de Viviane**

Viviane pensa em desistir de fazer os tais controles. Está difícil organizar as contas, mas precisa ir até o fim. Precisa saber qual a herança que receberá, e, se não cumprir o que prometeu para sua mãe, não ficará em paz. Felipe a chama para ajudá-lo a colocar a bateria da lanterna para recarregar.
– Veja, Felipe. Acompanhe o desenho na base do carregador.
– Ah, entendi.
– Agora coloque na tomada. Quando a luz apagar, está carregada.
– Eba! Minha lanterna vai funcionar de novo.
– Está de parabéns, senhor guardião da luz. Nossa conta de energia diminuiu. Mas podemos diminuir ainda mais, não acha?
– Foi mal, vou desligar o *video game* lá no meu quarto.
Viviane liga a tevê, pega o notebook, senta-se no sofá e inicia a tarefa deixada por Seije. Precisa colocar os dados numa planilha. É um trabalho minucioso, que não combina com quem gosta de tudo rápido e prático. Não que a planilha não seja prática, mas haja paciência para anotar e classificar tudo! Carla se aproxima e pergunta se ela quer ajuda.
– Está com febre, filha? Quer um remédio?

— Engraçadinha.

— Desculpe. Quero ajuda, sim, mas não esperava que quisesse me ajudar.

— Resolvi.

— Algum motivo especial?

— Resolvi, e anda logo antes que eu me arrependa.

— Então pega estes extratos e dita os valores e o centro de custo pra eu ir colocando na planilha.

— Centro de custo?

— O que está anotado ao lado da despesa. Indica onde devo lançar na planilha.

> Baixe o aplicativo para Android exclusivo para controle de cartões

— Hum, entendi... Mãe, por que você não usa um daqueles aplicativos para celular que ajudam a controlar os gastos no cartão? O pai da Rafa fez a mãe dela usar um e a Rafa disse que nunca mais eles brigaram por causa de dinheiro.

Viviane fica feliz com a sugestão da filha e responde que vai passar a usar esse recurso, sim, e sugere passarem para a mesa da sala de jantar. Carla reclama que de lá não dá pra ver a TV, mas concorda. Uma ao lado da outra, em instantes o trabalho está terminado.

— Prontinho. Valeu pela ajuda, filha.

— Mãe, preciso falar com você.

— Sabia que tinha algo por trás dessa repentina vontade de ajudar.

— Posso ir ao *shopping* com minhas amigas?

— Quando, a que horas, com quem, quem leva, quem vai buscar?

— Ai, que saco! Sempre o mesmo roteiro!

— Se já conhece o roteiro, é só responder.

— Vou com a Lari, a Tati e a Rafa. A mãe da Lari vai buscar, você só precisa me levar daqui a pouco.

— Como você foi uma boa menina, vou deixar. Mas vai ter que continuar me ajudando com a planilha daqui em diante.

– Tá, eu ajudo.

Viviane percebe que, apesar de ter deixado Carla ir ao *shopping*, ela não parece muito animada.

– Tem certeza de que quer ir ao *shopping*? – pergunta Viviane com ênfase.

– Sim, preciso sair deste marasmo. Minhas amigas me convenceram.

– E qual o motivo do marasmo?

– Não te contei. Meu pai disse hoje que não dá pra eu ir morar com ele.

– Você tinha falado com seu pai de ir morar lá?

– Sim.

– Quer dizer que se seu pai aceitasse você ia chegar e simplesmente dizer "fui"?

– Eu ia falar com você se ele concordasse.

Viviane respira fundo. Foi pega de surpresa e está indignada. Que petulante! Mas, ao encará-la para lhe dizer algumas verdades, percebe que Carla está realmente abatida. O que passaria na cabecinha de uma menina de doze anos ao se sentir rejeitada? Tenta amenizar a situação.

– Bem, agora que você sabe que não tem pra onde fugir e vai ter que conviver com a chata aqui, o que acha de sermos amigas?

Viviane abre os braços à espera de um abraço. Carla resiste, mas acaba correspondendo ao abraço da mãe e chora baixinho. Viviane enxuga as lágrimas do rosto de Carla e tenta consolá-la.

– Filha, seu pai não estava preparado pra esse pedido. Mas isso não quer dizer que ele não te ame.

– Mas ele nem pensou, de pronto me disse um "não". Deve ser aquela namorada tonta que ele arrumou que não deixa.

– Namorada?

– Ele tá namorando uma garota de vinte anos que quer mandar em mim como se fosse minha mãe.

– Está com ciúmes do seu pai, mocinha?

– Estou com raiva. Ele prefere aquela idiota do que eu.

– Não coloque as coisas desse jeito, filha. São sentimentos distintos. Ela nunca ocupará o seu lugar no coração do seu pai. Sua relação com ele é para sempre. Com ela, talvez não.

– Tá, você não entende. Vou me arrumar.

Carla sai e Viviane fica sozinha na sala pensando cobras e lagartos do ex-marido. Ela tinha certeza de que ele jamais assumiria a responsabilidade de uma pré-adolescente. Mas namorar uma menina de vinte anos era demais. Vai ver tem a idade mental dele. Babaca! Desde a separação ela sequer se deu a oportunidade de um flerte com alguém, tamanha a intensidade de sua rotina diária com os filhos e o trabalho, enquanto o boneco se diverte com menininhas! A raiva cresce ao mesmo tempo em que se dá conta de que está se envenenando inutilmente. O ex-marido não vai estragar seu dia. Está feliz por conseguir manter a disciplina para organizar as finanças e poder conduzir sua vida sozinha. Não sabe ainda se conseguirá acertar o caminho o tempo todo. Talvez erre algumas vezes. Mas de uma coisa tem certeza: nunca mais entregará o controle da sua vida financeira, amorosa ou profissional para ninguém. Conquistar o comando de si mesma é a melhor sensação do mundo.

Carla reaparece excessivamente maquiada.

– Desculpe, Carla, mas assim você não vai. Esse delineador, esse batom vermelho... Perdeu a noção?

– Você censura tudo o que eu faço. Por isso queria ir morar com meu pai. Que saco!

– E eu que pensei que podíamos ser amigas. Estou dizendo a verdade. Essa maquiagem está ridícula.

– Tá bom, você venceu! Não vou mais, vou pro meu quarto.

Viviane balança a cabeça. Não acredita que vai ter de encarar uma adolescente rebelde. Não sabe se terá paciência. Tem vontade de levá-la para morar com o pai, quisesse ele ou não, para ele sentir um pouco do que vem passando.

O telefone toca.
— Oi, Vivi, é o Rodrigo.
— Não morre mais.
— Falando de mim? Está com saudades?
— Apenas aguentando o tranco de uma filha rebelde que se sente trocada pela namorada de apenas vinte anos do pai.

Viviane não perdeu a oportunidade de frisar "vinte anos", mandando um recado subliminar que Rodrigo entendeu.
— Te liguei por isso. Precisamos conversar. Carla me pegou de surpresa. Não esperava um pedido desses. Fiquei sem saber o que dizer na hora e disse "não", mas gostaria de conversar com você sobre ela vir morar comigo.

Viviane sente o sangue ferver. Não quer abrir mão da guarda de Carla para um cara imaturo que provavelmente vai atender a todos os caprichos da filha em vez de educá-la.
— Não acho uma boa ideia — fala, com voz alterada pelo nervosismo.
— Conversarmos ou Carla vir morar comigo?
— Os dois — e desliga o telefone.

Viviane se surpreende consigo mesma. Foi impulsiva. Tenta se acalmar. Não está sendo racional. Respira, respira. O telefone toca novamente. Ela atende.
— Acho que a ligação caiu — diz Rodrigo, tentando retomar a conversa.
— Acho que sim.
— A ligação caiu quando você ia responder minha pergunta. O que você não acha uma boa ideia?
— Carla ir morar com você no momento em que está muito rebelde e se sentindo rejeitada.

Rodrigo explica que o sentimento de rejeição de Carla não tem fundamento. Conta que, da última vez que ficou com os filhos, uma amiga, e não uma namorada, que tem vinte e nove anos e aparência de vinte, ele frisa, fez um comentário após uma resposta malcriada de Carla. A menina se melindrou.

– Foi apenas isso. Amo meus filhos, e você sabe disso. Minha surpresa foi ela ter pedido pra vir morar comigo mesmo depois desse episódio ter deixado ela tão contrariada. Achei que estaria com ciúmes, querendo disputar espaço com Raquel, a amiga que ela pensa ser minha namorada. Mas estou sozinho. Aliás, desde que nos separamos não tive nada sério com ninguém.

Viviane engole a saliva. Respira fundo. Não sabe o que dizer.

– Vivi, você ainda está aí?

– Estou, pode falar.

– Vamos conversar pessoalmente? Posso ir até aí ou você vai sair?

– Não vou sair, pode vir. As crianças vão gostar de te ver.

Viviane desliga o telefone com os sentimentos confusos. A imagem de Rodrigo como um cara irresponsável, imaturo, namorador facilitava o seu acomodamento no papel de vítima. Ultimamente, a partir das conversas com Seije, vem percebendo que essa imagem de Rodrigo tem mais a ver com o que ela gostaria que ele fosse do que com o que ele é de verdade. Não conseguiu mudá-lo, moldá-lo ao estilo de homem que desejava, e a frustração deturpava sua visão. E se ele aceitasse ficar com a filha? Deveria deixar ou não? Minutos antes queria por raiva empurrar-lhe a filha à força, para que sentisse o tamanho da dificuldade de lidar com adolescentes. Mas, vendo que ele dá sinais de querer a filha com ele, fica contrariada.

Será que está apenas querendo atingi-lo em vez de pensar no melhor para a menina? Vai até a cozinha pegar um copo de água e vê a pia cheia de louça. Começa a lavar. Mexer com água sempre foi uma boa terapia.

**15 de julho, escritório de Fernando**

— Senhor Fernando, o doutor Carlos Sampaio o aguarda na sala de reuniões.

Fernando sai rápido do elevador e vai ao encontro do chefe. Está atrasado. A noite foi péssima, quase não dormiu. Passa a mão pelo cabelo, ajeita o paletó e entra na sala. Está vazia, e Fernando acha que está no lugar errado.

– Dona Cris, onde é a reunião?

– Aqui mesmo nesta sala. O doutor Carlos já está chegando.

– E os outros não virão?

– Não. O doutor Carlos disse que seria só o senhor.

– Obrigado. Vou aguardar.

Fernando se senta e coloca as pastas sobre a mesa. Serve-se da água e aproveita para desligar o celular.

O doutor Carlos Sampaio entra na sala.

– Desculpe o atraso. Estava em uma ligação com a matriz – justifica.

– Trouxe os relatórios mensais.

– Não quero falar sobre isso, Fernando.

O doutor Carlos Sampaio senta e em seguida volta-se para Fernando e esclarece o motivo da reunião.

— Preciso falar sobre o concurso. Nem sei como dizer.

O coração de Fernando acelera. Com o caos da vida pessoal, não se deu conta que o resultado do concurso foi decidido no dia anterior, na matriz, e provavelmente já deve ter aparecido no portal de comunicação interna.

— Não precisa dizer mais nada. Já entendi.

— Não entendeu, não. Ouça primeiro, depois tire suas conclusões.

As palavras são duras, mas foram suavizadas pelo tom paternal. Fernando se desculpa e pede que ele continue.

— Você venceu o concurso. Seu nome está no portal. Daqui a pouco todo mundo vai lhe dar os parabéns.

— Meu Deus! Uma notícia boa. Mal posso acreditar – alegra-se Fernando, erguendo as mãos para cima.

— Agora vem a parte difícil. O engenheiro que ficou em segundo lugar quer eliminar o seu projeto do concurso, alegando que foi entregue fora do prazo.

Fernando fecha os punhos e se levanta, quase gritando.

— Quem é o filho da mãe?

— Um engenheiro da matriz. Ele soube que seu projeto chegou dentro do horário comercial daqui, e não no horário comercial de lá. Já estamos examinando as regras para ver se conseguimos mantê-lo como ganhador do concurso.

— Desgraça pouca é bobagem...

— Não entendi.

— Nada, doutor Carlos. Só pensei alto.

Em segundos, Fernando passa da alegria ao desânimo. Esse prêmio o ajudaria a colocar a sua vida financeira em ordem e a carreira em alta novamente. Voltaria a ser um engenheiro de prestígio e seria convocado para os melhores projetos.

— Sei que deve ser difícil para você, mas preferi lhe dar a notícia pessoalmente, evitando que aceite os cumprimentos até tudo se resolver. Acabei de falar com a matriz para retirarem a notícia do portal por enquanto.

— Obrigado, doutor Carlos.
— Tenho notado seu abatimento e seus atrasos nos projetos. Está tudo bem?
— Algumas dificuldades pessoais que estou tentando administrar.
— Quer conversar sobre isso?
— No momento, não. Preciso digerir tudo sozinho.
— Quero que saiba que, mesmo que tirem de você esse primeiro lugar, o seu brilho chegou até a matriz. É apenas uma questão de tempo para a sua carreira decolar aqui na empresa.
— Muito obrigado por tudo o que tem feito por mim.

Fernando sai da sala pensando que aquele dia vai ser um marco na sua vida. Perdeu a mulher, que a essa altura já devia estar na casa do sogro com as crianças, e perdeu o concurso. O que mais vai acontecer com ele?

Ao chegar à sua mesa, vê um recado deixado pela secretária: "Seu sogro quer falar com o senhor e disse que é urgente!"

Fernando pega o celular e liga para o sogro a fim de saber logo qual a bomba da vez. Se for para contar que Lívia foi para lá e quer o divórcio, não será novidade.

— Bom dia, seu Eugênio. O senhor me ligou?
— Sim. Quero lhe dizer que não vou aceitar a Lívia e as crianças aqui em casa. Da última vez ela me fez de palhaço. Estou velho e cansado das birras dessa menina. Ela precisa crescer. Entendam-se!

O corte repentino na chamada faz Fernando afastar o aparelho e olhar o visor. Ele desligou mesmo. Em seguida tentou processar o que o sogro acabara de lhe dizer. Ele não vai aceitar Lívia! Ele não vai aceitar Lívia! Ele não vai aceitar Lívia! Seu humor muda. Agradece a Deus e a Nossa Senhora de Fátima. Acredita até que poderá ficar com o prêmio. Depois dessa notícia animadora, mal pode esperar o final do expediente para voltar para casa.

As horas demoram a passar. Finalmente o dia termina, mas sem uma solução sobre o concurso. Fernando não se detém nessa questão; seu pensamento está em casa. Na cabeça, a imagem de Lívia dizendo-se rejeitada pelo próprio pai e se fazendo de vítima como sempre. Seria o momento de abraçá-la e deixá-la se sentir segura em seus braços. Beijaria sua testa, alisaria seus cabelos, apertando-a junto ao corpo, sentindo-lhe a pulsação enquanto declarava seu amor. Ao sair do prédio, Fernando lamenta ter que ir de metrô para casa. Vai demorar mais.

Cinquenta minutos depois, ele chega, mas o silêncio em casa é total. Ele percorre cômodo por cômodo. Ninguém. Para onde Lívia terá ido com as meninas? Abre os armários; as roupas continuam no lugar. Tira os sapatos e deita-se na cama. Olha para o teto, tentado conter as lágrimas. Seu pai tinha razão, ninguém fica ao lado de um fracassado. Não conseguiu manter a família, não conseguiu vencer o concurso e não conseguirá receber a herança que sua mãe lhe deixou. Olha para o porta-retratos sobre a cômoda. A família feliz em um domingo no Parque Villa-Lobos.

O interfone toca. Fernando vai atender.

– Boa noite, seu Fernando. A dona Lívia acabou de estacionar na garagem, e a lanterna do carro ficou acesa.

– Obrigado por informar, Cícero. Já vou descer.

Fernando vai até o quarto calçar os sapatos. Ao ouvi-las chegando, volta para a sala e tenta ser o mais natural possível. A porta se abre, e, ao verem o pai, as filhas correm ao seu encontro. Fernando se agacha e abre os braços.

– Olá, minhas bailarinas.

Vestidas com a roupa de balé, as duas meninas abraçam e beijam o pai. Em seguida, Melissa pergunta por que ele não foi à apresentação. Ele tinha se esquecido completamente do compromisso e inventa uma desculpa. Enquanto fala com as meninas, tenta olhar para Lívia, que o evita.

– Desculpem, queridas, papai estava sem carro por causa do rodízio e o metrô estava um caos. Não consegui chegar antes.

Elas logo saem correndo pela casa, e Fernando fica sozinho com Lívia.

– Desculpe, passei um dia péssimo e confesso que me esqueci da apresentação – lamenta Fernando.

— Normal.

Lívia não lhe dirige o olhar e senta-se. Mexe na bolsa, sem dar sinal de contrariedade. Fernando não se contém e pergunta:

— Falou com seu pai hoje?

— Sim. Por quê?

— Ele me ligou.

— Pra quê? Pra dizer que não me quer lá?

— Mais ou menos isso. Pareceu ressentido com a sua última mudança de decisão.

— Ele que fique sozinho. Também não quero mais saber das manipulações dele. Vou tomar um banho.

O que Fernando tinha idealizado para aquele momento está longe de se concretizar. Lívia está magoada. Não há espaço para intimidade enquanto as feridas estiverem abertas. Terá que curá-las, uma a uma, se quiser bases sólidas para um relacionamento que há oito anos ignora a realidade. Será um caminho longo e desgastante. Terá forças para trilhá-lo? Sozinho, talvez não, mas com ajuda tem esperança que sim. Levanta-se para pegar o celular e o interfone toca novamente.

De roupão branco e descalça, Lívia sente o chão frio sob seus pés. Desde criança descobriu que andar sem sapatos a alivia quando está sob pressão. Tem uma sensação de liberdade que a faz se sentir leve. Sempre funciona.

Ao dirigir-se para a cozinha, vê Fernando entrando com a chave do carro dela na mão.

— Fui desligar a lanterna que ficou acesa. O porteiro ligou avisando.

Lívia agradece, percebendo o olhar de Fernando sobre ela. Sabe o poder de sedução que tem sobre o marido.

— Já tomou banho? – pergunta Fernando.

— Ainda não, coloquei as meninas pra dormir primeiro.

— Elas já comeram?

– Comemos um lanche depois da apresentação.

Lívia pega um copo no armário da cozinha, enche-o de água e bebe calmamente. Ao virar-se para sair da cozinha, Fernando a está observando encostado ao batente da porta. Lívia respira fundo. Terá que passar por ele.

– Precisamos conversar – Fernando diz, fitando-a.

– Estou cansada.

Fernando impede a passagem de Lívia e diz com voz firme:

– Já que vai ficar por aqui, melhor nos entendermos, não acha?

– Não, não acho – ela diz, encarando-o pela primeira vez naquela noite e pedindo licença para passar. Como ele não se move, ela força a passagem e ele a envolve em um abraço.

– Pode me largar, por favor?

– Preciso conversar com você.

– Me solte, não vou fugir.

Ela percebe que a proximidade e o seu cheiro mexeram com Fernando, que resiste por alguns segundos antes de soltá-la, o que faz lentamente e com um olhar comprido para seu colo exposto. Eles entram na sala, e Lívia fecha a porta para não acordar as meninas.

Com o abraço, o roupão fica desarrumado, e Lívia não faz questão de se recompor. Prefere provocar Fernando ainda mais. Agora ela já sabe o restante da história. Fernando vai dizer que o amor deles é maior que todos os problemas, que não vale a pena ficarem brigados, que ele precisa do amor dela para seguir adiante e lhe dará um beijo ardente. Porém, o que faz é dizer num tom nada romântico:

– Preciso saber se resolveu ficar apenas por falta de opção ou se acredita que nosso casamento ainda não acabou.

Surpresa diante do novo roteiro de uma cena tão repetida, ela tenta ganhar tempo para processar o que está acontecendo.

– Faz alguma diferença?

– Para mim, faz muita diferença. Se você me disser que acredita que o nosso casamento tem chances de sobreviver, estarei disposto a tudo pra reconquistar nossa convivência com harmonia. Caso esteja aqui apenas porque seu pai a rejeitou e não tem condições de viver sozinha, me mudo para o quarto de hóspedes ainda hoje.

Lívia sente um frio no estômago. Sem controle da situação, fica confusa.

— Eu não sei direito o que sinto, o que quero. Só sei com clareza o que não quero.

— E o que você não quer? — ele pergunta de forma incisiva.

Lívia olha para Fernando, percebe sua frieza e, com a voz alterada e as mãos trêmulas, diz que não quer mais ninguém mandando em sua vida. Nem pai nem marido, ninguém. Cansou de ser comprada, manipulada, julgada, humilhada. Vai abrir mão do carro, das joias e das ações que seu pai lhe deu para quitarem a maldita dívida, depois disso quer viver a própria vida, ser dona do próprio nariz.

— Não precisa se desfazer de tudo. Só precisa vender o carro e assumir que precisa de ajuda. Mais nada.

Como que tomada pela ira, Lívia pega um pequeno vaso que adorna a mesa lateral ao seu lado e o atira ao chão, gritando que não precisa de ajuda nenhuma.

— Você está falido! Você precisa de ajuda, não eu.

Fernando tenta não se alterar.

— Você sabe de qual ajuda estou falando, não se faça de desentendida. Você precisa de ajuda psicológica — esclarece Fernando, quase soletrando a palavra.

— Agora a louca sou eu. Você que faz tudo errado...

Fernando a interrompe, elevando o tom de voz e erguendo a mão direita.

— Pode parar. Não vai funcionar desta vez. Esqueceu as sacolas que encontrei, as compras absurdas no cartão de crédito? Sou eu que faço tudo errado? Tem certeza? Abra seu armário, o armário das meninas, para reavivar sua memória.

— Eu não tenho que ver nada — ela diz com ar irônico, enquanto caminha em direção à porta de acesso ao corredor.

Fernando impede que siga adiante, contendo-a pelos braços. Olhando nos olhos dela, afirma que não vai mais permitir que ela ignore o problema. Ele existe e terão que resolvê-lo juntos.

Aquele par de olhos azuis irradia uma energia que faz Lívia crer que a intenção de Fernando é verdadeira. Ele realmente quer ajudá-la e não quer a separação.

Solta-se das mãos de Fernando de forma brusca. Vira-se de costas, tentando encontrar um argumento, alguma saída. Pisa em um dos cacos do vaso quebrado e seu pé começa a sangrar. Fernando se aproxima para ajudá-la. Pega Lívia nos braços e a coloca sentada sobre o sofá.

Enquanto Fernando busca uma toalha, Lívia sente uma segurança que há muito não sentia. Fernando realmente queria protegê-la, ajudá-la. A agressividade que despeja sobre ele, tentando diminuí-lo, mascara a insegurança e o sentimento de infelicidade que a acompanham o tempo todo. Realmente precisa de ajuda, e mais do que ninguém deseja essa ajuda, mas não quer ser vista como problemática, compulsiva. Quer ser admirada, valorizada e não disputada como um objeto ou troféu.

Fernando volta com uma toalha umedecida e outra seca e com cuidado remove o caco de vidro. Limpa o sangue e depois enrola o pé dela com a toalha seca. Lívia chora baixinho. Ainda cuidando do ferimento da mulher, Fernando pergunta se está doendo. Ela responde que sim, mas não o machucado, a alma. Fernando senta ao seu lado no sofá e pede que ela deite a cabeça em seu colo. Lívia se rende e se aninha no peito de Fernando, sentindo-se segura para enfrentar novos caminhos. Quer ficar livre das chantagens emocionais e subornos financeiros do pai. Por mais que seja doloroso o caminho, chegou a hora de crescer.

a vitória

## 16 de julho, Café Paris

Enquanto aguarda a chegada de Viviane, Isabel se acomoda em uma das mesas do Café Paris, na Rua Domingos de Morais. Gosta da Vila Mariana e seu sonho sempre foi morar nessa região. Tira de dentro da bolsa uma folha de papel. Acabou de sair da consulta com a astróloga que uma amiga indicou. Foi surpreendente. Ela olha fixamente para aquelas linhas e símbolos e se pergunta como um mapa astral pode traduzir sua alma com tanta fidelidade. Cinira, a astróloga, a levou a uma imersão em si mesma. Trinta e sete anos de vida para começar a se perceber.

De repente, sente um toque no ombro. Vira-se e dá um sorriso. Nem tinha percebido a chegada de Viviane.

– Então, como foi? – diz Viviane com seus olhos azuis brilhantes e um franco sorriso no rosto.

– Foi ótimo – responde Isabel enquanto abraça a irmã e lhe dá um beijo.

– Está na cara. Poucas vezes te vi com um sorriso iluminando assim o rosto, sem aquela tensão, o ar de brava. Quero saber o milagre.

– A leitura que a astróloga fez do meu mapa astral está gravada. Depois ouvimos juntas e te conto todas as minhas descobertas. Agora nossa prioridade é outra. Senta – convida Isabel.

Viviane se acomoda e pergunta para a irmã se há algum problema. Isabel explica o motivo do encontro.

– Precisamos ver como vai ficar essa coisa do testamento. O desafio proposto por dona Sophia praticamente está cumprido da minha parte. E a sua parte, como está?

– Quase terminada. Em janeiro já terei condições financeiras para me matricular no MBA. Finalmente a vida está ficando em ordem – Viviane responde.

– E o Nando?– Isabel pergunta.

– Ele está complicado com a Lívia.

– Preciso que o testamento seja aberto antes de eu viajar.

– Viajar? Pra onde?

– Fui convidada pra estagiar seis meses no restaurante Faísca, na ilha da Madeira. Eles estão gostando muito do meu trabalho. Resolvi aceitar. Quero ir quanto antes. Vou trancar a matrícula do curso para continuar no próximo semestre.

– Uau! Que máximo! Agora entendo esse alto-astral. Mas acho que não vamos poder abrir o testamento antes dos desafios cumpridos.

– Que se dane! Já tive paciência demais. Mamãe que me desculpe, sou muito grata pela sensibilidade de me apontar um novo caminho, mas ter que esperar o Nando não dá. Ele é todo enrolado.

– Ouvi direito? Você disse "mamãe"?

– Disse?

– Realmente, algo mudou. Me conta!

– Não tem nada pra contar. Apenas me livrei de alguns entulhos que me pesavam na alma.

– Que maravilha, Bel! Por isso você está com a expressão mais leve. Está mais bonita, sabia?

– Seije me disse o mesmo outro dia. Não acreditei. Será?

– Seije? Esteve com ele?

– Graças a ele, saí da paralisia em que me encontrava e não perdi o estágio. Mas foi por pouco. Meu chefe havia agendado uma reunião com outra aluna duas horas depois. Ia convidá-la no meu lugar. Foi por pouco. Ei, Vivi, ouviu o que eu disse?

– Claro. Só estava pensando com meus botões.

– Você estava suspirando, isso sim. É impressão minha ou falar do Seije te deixa aérea?

– Bobagem sua. Então... O testamento – Viviane continua. – Na proposta, mamãe nos pede para quem conseguir cumprir seu desafio unir forças com quem não conseguiu.

– Demorou! Eu, ajudando o Nando e sua excelentíssima mulher. Não rola.

– Mas tem outra coisa que você ainda não sabe.

Isabel volta-se para Viviane com olhar firme.

– Nosso pai quer impugnar o testamento. Recebi ontem um comunicado do doutor Marcondes, o advogado de mamãe. Você ainda não recebeu?

Isabel solta uns três palavrões e sai para fumar. Viviane paga a conta, pega o mapa astral que a irmã deixara em cima da mesa e sai. Abanando a fumaça do cigarro de Isabel, dá o seu recado.

– Ei, eu não tenho culpa de ter o pai que tenho e que por acaso é seu pai também.

– Preferia ser filha de pai ignorado.

– Ressentimento e cigarro são uma bela combinação para problemas de saúde.

– Dispenso o mau agouro e aviso: meu prazo para viajar é trinta dias. Se até lá as coisas não se desenrolarem, desenrolo por minha conta.

– Tudo com você é na força. Quando vai aprender a usar a inteligência emocional? Seu mapa não fala isso?

Num gesto brusco, Viviane joga a folha de papel para Isabel e vai embora.

Isabel continua fumando. As últimas palavras da irmã ecoam em sua mente: "Tudo com você é na força". Sua vida tem sido esse ciclo constante:

alguém faz algo que lhe desagrada, fica irada, parte para o confronto e, além de não resolver o problema, fica desgastada e sozinha. Precisa mudar isso.

Foi preciso sua mãe morrer, ter que lhe fazer uma promessa no leito de morte para descobrir novos caminhos. Não imaginava que em tão pouco tempo sua vida mudaria tanto. A morte da mãe, a morte de Bud, grandes perdas... mas a nova carreira profissional contrabalançava isso com enormes ganhos de conhecimento e satisfação. Descobrira o verdadeiro prazer no trabalho. Trabalhar com consumo consciente e sustentabilidade sempre foi bom, mas trabalhar com gastronomia é como uma expressão de arte. Consegue imprimir sua energia combinando cores, texturas, sabores, aromas. Como essa mudança deu uma nova dinâmica a sua vida, sobra menos tempo para lamentar o passado e as perdas. Agora só vai viver no presente e intensamente.

Isabel chega à casa da mãe antes de escurecer. Esta semana ainda não havia cuidado do jardim, algo que lhe dá muito prazer. Sophia sempre dizia que Isabel tinha mão boa para plantar e deixava que ela fizesse as mudas das plantas para vasos menores. As mudas sempre pegavam, e Isabel se sentia satisfeita vendo-as crescerem e florirem. Enquanto arranca as ervas daninhas que crescem entre as roseiras, Isabel recorda o jeito especial que Sophia tinha de presentear. Eram pães, broas, bolos, cobertos por guardanapos feitos de um pano branquinho que ela mesma bordava. Faziam parte do presente. Quando presenteava mudas de plantas, sua mãe sempre lhe pedia para fazer o cachepô com canudos de jornal. Todo mundo se admirava ao saber que eram feitos com material que seria descartado. Sophia fazia questão de contar que tinham sido feitos pela filha mais velha.

Isabel desenrola a mangueira, abre a água e começa a regar as plantas, enquanto continua viajando no tempo. Por mais que tenha se sentido rejeitada, tem que admitir que viveu muitos momentos felizes naquela casa, principalmente com o pai, antes de ele ir embora. Nunca o perdoou, e agora está prestes a revê-lo, dezesseis anos depois, por causa da ganância dele. Sente o estômago embrulhar só de pensar.

Uma vizinha passa na calçada e cumprimenta Isabel, forçando-a a acenar com um sorriso. Em seguida ela volta a pensar no que acontecerá no encontro com o pai. Nesses anos todos, às vezes chegou a ter curiosidade sobre como ele estaria: se teria envelhecido, engordado, emagrecido. Principalmente, como ele se comportaria diante dela. Em pouco tempo saberá.

**23 de julho, apartamento de Fernando**

O dia já amanheceu. Fernando se levanta e vai até a varanda. Fecha os olhos, respira fundo e se espreguiça, enquanto ouve à distância o cantarolar alegre dos pássaros entre as frondosas árvores do condomínio. Observando o céu azul que faz fundo para a vegetação, o pensamento dele se distancia. Sua vida também está com um colorido diferente. Faz uma semana que a paz reina entre ele e Lívia. Ela tem sido amorosa como nos tempos de namoro. Parece que reencontrou a Lívia pela qual um dia se apaixonou. Tudo entrando nos eixos. É assim que gosta de sua vida. A participação de Lívia na reunião com Seije logo mais será decisiva para os planos futuros. Está otimista. Vai para a cozinha preparar o café da manhã assobiando.

Minutos depois, Fernando adentra o quarto empurrando a porta com o ombro direito e coloca a bandeja sobre o pufe aos pés da cama.
– Bom dia, Lívia, trouxe seu café.
Ainda meio sonolenta, Lívia abre os olhos e esboça um sorriso. Lentamente se espreguiça e depois senta na cama.
– Não é cedo demais? Hoje é sábado e as meninas não têm aula.

— Tem razão. Tome seu café e descanse mais um pouco. Eu cuido do café das meninas.

Fernando ia lhe contar que marcou uma reunião com Seije para dali duas horas, mas preferiu não tocar no assunto. Vai esperar que ela desperte e tome o café para convidá-la a participar da reunião, que será decisiva para o ajuste financeiro da família. Mal pode acreditar na possibilidade de Lívia participar do cuidado das finanças junto com ele, sem arrogância, sem chamá-lo de incompetente e sem a possibilidade de simplesmente virar as costas e ir morar com o pai. A vida dá voltas. A atitude do sogro o surpreendeu e foi fundamental para que ele pudesse ter uma conversa decisiva com Lívia. Chegou a hora de mudar, e Fernando tem certeza de que não quer mais ter Lívia ao seu lado como um troféu. Quer uma companheira de verdade, que o ame e o respeite. Para isso, tanto ele quanto Lívia têm que antes amar e respeitar a si mesmos. As conversas com Seije o têm ajudado a perceber muitas crenças a serem quebradas para uma nova vida financeira, sustentável e feliz.

O celular de Fernando toca e ele vai atender no quarto. Lívia o encontra no corredor com o celular na mão. Ela lhe dá um beijo afetuoso, agradecendo o café. Fernando pisca para ela e atende a ligação.

— Fala, maninha.

— Hum, pelo jeito acordou de bom humor — Viviane diz. — Vamos ao clube?

— Não posso, marquei uma reunião com Seije aqui em casa hoje.

— Então, eu levo as meninas. Elas vão se divertir.

— Tem certeza que dá conta?

— Claro. Felipe vai adorar a companhia das primas.

— Vou perguntar para Lívia.

Fernando fala com Lívia, que aprova o convite.

— Pode passar por aqui, elas estarão prontas.

Fernando desliga o celular, impressionado. É difícil Lívia abrir mão das filhas. Faz mil perguntas e às vezes não deixa. Ela está diferente.

Segue para a cozinha para terminar de arrumar o café da manhã das filhas.

Pontualmente, uma hora depois, o interfone toca. Viviane aguarda as meninas na portaria. Lívia prefere acompanhá-las e fazer as recomendações. Ao retornar para o apartamento, ela vai ao encontro de Fernando.
– Teremos o dia inteirinho para nós. O que vamos fazer?
– Bem, eu tenho um compromisso logo mais, mas você pode participar se quiser.
– Sério?
– Agendei uma reunião com Seije aqui em casa. Consegui negociações melhores do que imaginava. Precisamos rever as despesas de casa para tentarmos organizar. É importante você participar.
– Posso até ficar ouvindo, mas não entendo nada disso. Demora?
– Não posso prever, mas acho que uma hora será suficiente.
Um tempo depois, após aviso da portaria, Fernando está na porta da sala aguardando Seije. O mentor financeiro desce do elevador e ambos se cumprimentam como velhos amigos.
Fernando sempre se sente mais seguro após as orientações de Seije.

– Temos uma surpresa. Vamos até a sala de jantar.
Ao chegar na sala, Lívia recebe Seije, que abre um sorriso ao cumprimentá-la.
– Que bom termos sua participação, Lívia.
– Só vou ouvir. Não entendo nada de finanças e para falar a verdade nem gosto do assunto.
– Não é tão ruim quanto pensa. Sempre temos resistência ao que não entendemos.
Fernando mostra para Seije que as contas já estão separadas e que podem começar.
– Vamos lá. Me passe o que conseguiu no banco – pede Seije.

– Consegui uma redução de quarenta por cento da dívida e um parcelamento com juros de dois por cento ao mês.

– Em quantos meses?

– Vinte e quatro.

– Dois anos para pagar uma dívida? Que absurdo! Por que não pagamos em seis vezes? – pergunta Lívia.

– As parcelas ficariam pesadas.

– Vendemos minhas joias e as ações. Já disse que quero me desfazer disso.

De testa franzida, Seije tenta entender o que se passa. Fernando percebe e tenta explicar.

– Lívia está magoada com o pai. Gostaria de se desfazer de tudo o que ele lhe deu que seja vendável. Já concordamos em vender o carro para quitar dois cartões de crédito. A negociação que consegui se refere ao cheque especial. Dei meu carro como garantia, portanto, ele não pode ser vendido. Falta ainda negociar os dois empréstimos que havia feito e deixei de pagar, e seis parcelas da escola das meninas que estão atrasadas.

– Como assim, escola das meninas? – pergunta Lívia, arregalando os olhos. – Estamos sem pagar a escola das meninas? Meu Deus, que absurdo! Nando, como pode deixar de pagar a escola das meninas?

– Como? Com o meu salário sendo engolido pelo banco todos os meses para cobrir dívidas. Estamos endividados faz tempo. Eu avisei.

– Lívia, talvez devêssemos mostrar a você a situação atual – propõe Seije com tranquilidade.

Lívia se levanta e começa a andar de um lado para outro com ar pensativo.

– Não, não quero saber de nada. É demais pra mim. Nunca vivi situação tão humilhante. Imagine! Dever seis meses de escola!

Fernando respira fundo antes de falar, evitando uma discussão desagradável na frente de Seije. Conta que já conversou com a escola, que está em negociação e não há perigo de divulgarem uma lista negra. Vinte por cento dos alunos estão inadimplentes. As meninas não sofrerão nenhuma ação discriminatória.

– Mas por que chegar a este ponto, por que não aceitou ajuda do meu pai?
Fernando se levanta e desta vez não se contém:
– Estava demorando. Seu pai, seu pai. Ainda não se convenceu de que ele é um fantasma entre nós? Pensei que tivéssemos nos libertado dele.
– Mas ele sempre quis nosso bem. Por causa do seu orgulho nunca aceitou ajuda e agora estamos nesta situação.
– Não, Lívia, estamos nesta situação porque gastamos demais. Porque nos descontrolamos comprando o que não podíamos, vivendo um padrão de vida irreal e insustentável.

Lívia senta e apoia a testa nas duas mãos, com o olhar fixo, transtornado.

Seije faz sinal para Fernando se calar. Fernando dá alguns passos na direção de Lívia, mas resolve se acalmar.

– Vou tomar água. Aceita água ou um suco, Seije?
– Água, por favor.

Ao voltar da cozinha, Fernando vê Seije conversando calmamente com Lívia.

– Não se aflija com o que já aconteceu. Remoer o passado machuca, consome a nossa energia e diminui as chances do nosso presente. Já avançamos muito em relação à situação inicial. Graças aos esforços do Fernando, temos grandes possibilidades de negociar todas as dívidas. A venda do seu carro será de grande ajuda. Mas há ainda mais a fazer. Esse processo requer um passo por vez e a definição de onde se quer chegar.

Lívia enxuga algumas lágrimas. Fernando oferece um copo de água a Seije e outro a Lívia e senta-se.

– Lívia, tudo isso é difícil pra mim também. Seije tem sido mais que um mentor financeiro. Tem sido um amigo, um grande amigo que me faz acreditar que seremos capazes de reverter esta situação. Mas preciso de sua ajuda. Sem você trilhando este novo caminho ao meu lado, não conseguirei resolver o problema. Preciso que de uma vez por todas entenda a necessidade de ajustes no nosso padrão de vida. Não será o fim do mundo. Abriremos mão de algumas coisas, mas teremos paz de espírito.

Lívia fica calada, sequer dirige o olhar a Fernando. Dá a impressão de estar tentando assimilar os acontecimentos.

– Concordo com Fernando, Lívia. Sua ajuda é fundamental.

Um silêncio toma conta do ambiente. Fernando fica tenso, com os pés fincados no chão. Seije, ao contrário, conserva uma aparente serenidade.

– Sim, posso ajudar. Como disse, vou vender tudo o que meu pai me deu. Acredito ser o suficiente para pagar todas as dívidas – Lívia fala sem energia na voz. Nem parece a mesma mulher alegre e cheia de vida de poucos minutos antes.

Seije acha ótimo que tenham do que se desfazer para pagar as dívidas, porém, em relação aos bens da Lívia, aconselha esperar um pouco. A decisão de abrir mão dos bens deve ser muito consciente para não haver futuros arrependimentos. Momentos de muita tensão ou de grande euforia não são propícios a decisões importantes.

– Não faço questão das ações. Não acompanho, não sei se sobem, se descem. Pode ser que nem tenham mais valor. Mas as joias foram da minha mãe. Queria vendê-las, mas no fundo gostaria de conservar algumas peças para as minhas filhas.

– Já disse que basta a venda do carro no momento. Também acho que você deve pensar melhor antes de abrir mão das ações e das joias, Lívia – diz Fernando.

– No caso das joias – explica Seije –, podem penhorar em vez de vender. Emprestam até oitenta e cinco por cento do valor avaliado com juros baixos e dão até cento e vinte dias para resgate, prazo que pode ser renovado.

– Nunca havia pensado nessa possibilidade – diz Fernando.

– Acho uma boa saída – completa Lívia. – Saber que poderei ficar com as joias me conforta. Talvez só o penhor seja suficiente para quitar as dívidas.

– Mas aí teremos apenas cento e vinte dias para repor o valor.

– Precisam comparar o que vai custar menos – explica Seije. – Mas acabamos atropelando a ordem das coisas. – Seije também explica que antes precisam colocar no papel todas as despesas essenciais da casa. Subtrair esse valor do que Fernando ganha e ver o que sobra. Esse será o valor disponível para assumir uma parcela, seja de um empréstimo, seja para juntar e resgatar joias do penhor.

Ele pega o *notebook* e lista numa planilha os valores que Fernando vai falando ao manusear conta por conta de uma pilha que está sobre a mesa.

Quando termina, Seije constata o que já desconfiava: as contas básicas ultrapassam o salário líquido de Fernando. Prestação do imóvel, condomínio, energia elétrica, alimentação, combustível, escola das meninas, despesas com lanches das meninas, internet, telefone fixo e celulares. Só esses itens já ultrapassam a receita.

– O primeiro passo será reduzir essas despesas.

– Impossível – Lívia diz com firmeza. – Vamos passar fome e tirar as crianças da escola?

– Não vamos radicalizar, mas reduzir. Esses ajustes são fundamentais. Além disso, precisamos contar com sua ajuda para não fazer mais dívidas. Precisam estancar os gastos até adequarem o estilo de vida à receita.

– Se não mudarmos o nosso estilo de vida, daqui a alguns meses vamos estar endividados de novo. Na verdade, isso vem acontecendo nos últimos anos.

– Não consigo ver como vamos reduzir as despesas básicas – Lívia diz com voz chorosa.

– Adequações reduzem valores. Por exemplo, mudem o plano de celular, da internet, da TV a cabo. Planos mais baratos fazem uma boa diferença. Assim que terminar o ano letivo, pesquisem novas escolas, que ofereçam qualidade de ensino com melhores preços.

– Não concordo. É essencial que as meninas que frequentem uma ótima escola e se relacionem com pessoas do mesmo nível socioeconômico.

– Lívia – Fernando interrompe –, o nosso nível socioeconômico não é este. Talvez *fosse* o seu quando solteira, mas não é a nossa realidade hoje. E não se trata só da mensalidade da escola. As festas de aniversário têm que ser compatíveis com as das outras crianças, os passeios, as roupas, os brinquedos, as mochilas, os tênis, enfim, tudo tem que ser do mesmo nível das outras crianças. Não consigo bancar. Não dá mais. Há outras escolas boas que não são tão caras. Vamos ter que mudá-las de escola a partir do próximo ano.

– Meu pai jamais aceitará isso.

Fernando se irrita com a palavra "pai" de novo. Parece que Lívia ainda não assimilou a realidade. Assim como parece querer se vingar do pai, propondo vender tudo o que ele lhe deu, ela fala como se nada tivesse acontecido e ele continuasse no comando de suas decisões.

– Seu pai não tem que aceitar ou não aceitar. São nossas filhas, nós decidimos.

– Estamos muito pior do que eu imaginava – lamenta Lívia, afundando o rosto nas mãos.

– E você nem tem noção dos valores que já negociei! Pior, gastamos uma montoeira de dinheiro com juros altíssimos. Não precisaríamos ter gasto tudo isso. Mas agora já foi. Temos de olhar pra frente e fazer o que precisa ser feito.

– Certíssimo, Fernando! Olhar pra frente, concentrando-se nos objetivos.

– Posso vender minhas bolsas de grife, meus relógios. Faço qualquer coisa para manter minhas filhas nessa escola.

– Desculpe, Lívia – intervém Seije –, percebo que é muito importante para você manter as meninas numa escola de qualidade. Mas muitas escolas são como grifes. Pagamos pelo nome e não pelo padrão de ensino. Sugiro pesquisarem sem compromisso. No momento, apenas estudem possibilidades para depois decidirem qual o melhor caminho para o ajuste. Não sofra por antecipação, apenas pesquise.

O celular de Seije toca um alarme. Ele avisa Fernando que dispõe de apenas mais dez minutos. Tem outro compromisso.

Fernando agradece Seije. O fato de poder enxergar os ajustes que precisam ser feitos nas despesas essenciais já lhe deram um norte. Confessa que não conseguia pensar com essa clareza, pois só enxergava as dívidas. Seije se despede:

– Lívia, fiquei feliz por você ter participado. Espero que esteja nos próximos encontros.

Sem assumir nenhum compromisso, Lívia esboça um sorriso enquanto se despede de Seije.

Ao fechar a porta, Fernando suspira aliviado. Não sabe o que vai ser dali pra frente, se Lívia vai de fato continuar cooperando, se ele vai voltar a se sentir mais feliz, de uma forma mais realista. Sabe apenas que quer uma vida nova, e para isso fará tudo diferente.

*diário do seije*

## 23/7

Esta manhã foi tensa por causa do encontro com Fernando e Lívia, mas muito produtiva. Tomar contato com a realidade é sempre impactante na questão do endividamento, porém não há outra forma de buscar soluções. Foi um choque para Lívia saber que a mensalidade da escola das filhas está atrasada. Fernando já não tem paciência com a falta de senso de realidade de Lívia.

Tentei tranquilizá-la, dizendo que tudo tem solução — e realmente acredito nisto. Por pior que seja a situação, se nos determinarmos a agir para encontrar a solução, ela sempre aparece. Buscar o culpado não leva a lugar nenhum, mas isso é o que normalmente acontece quando casais endividados sentam para conversar sobre a situação. Em vez de pensar em uma solução, concentram-se no problema e ficam buscando o culpado.

Outra questão comum entre endividados é o imediatismo. Assim que a pessoa toma contato com a realidade, se desespera, sente-se culpada por ter deixado a situação chegar aonde chegou e quer resolver tudo do dia para a noite. Impossível. NÃO SE RESOLVE EM DIAS AQUILO QUE LEVOU MESES OU ANOS PARA SE CONSTRUIR.

Se Fernando tiver paciência e tato para lidar com Lívia, conseguirá que ela seja uma aliada nessa luta e ambos atingirão o objetivo de colocar as dívidas sob controle.

**23 de agosto, escritório de Fernando**

Um mês depois do último encontro com Seije, Lívia continua estável, cooperando com Fernando na organização das finanças da família. Ela não quis consultar a doutora Cleide, mas buscou ajuda psicológica com outra profissional, a doutora Mônica, que também é especialista em oniomania. Com o acompanhamento do psiquiatra e a psicoterapia, ela está cada dia melhor. Está mais serena, mais segura e menos amarga. Ainda continua fazendo as compras da casa, mas, conforme recomendação da psicóloga, tem apenas um cartão de débito. Com a venda do carro e a penhora de algumas joias, as finanças ficaram administráveis.

Fernando tem trabalhado com afinco. Seu estado de espírito mudou e sua produtividade aumentou. A pressão arterial também se normalizou com a nova medicação prescrita na última visita ao cardiologista. Aos poucos, tudo parece se acomodar.

– Não vai pra casa hoje, seu Fernando? – pergunta a responsável pela limpeza ao iniciar seu turno.

– Nossa! Não vi o tempo passar. Me dá mais uns minutos e já libero aqui.

Fernando começa a fechar as pastas do computador para desligá-lo quando chega uma mensagem de seu chefe pela intranet: "Venha até a minha sala, por favor". Não imaginava que ele ainda estivesse por ali. Termina de desligar o computador, pega seus pertences e se dirige à sala do chefe.

– Parece que perdemos a hora de ir embora hoje – comenta o doutor Carlos Sampaio.
– Estava tão imerso no trabalho que não olhei pro relógio.
– Notei que está colocando tudo em dia. Isso é um sinal de que está tudo bem ou de que vai nos deixar?
– Deixar?
Fernando coloca o paletó na cadeira e fica de frente para o chefe.
– Senti que se abateu muito com a questão do concurso, mesmo ficando em segundo lugar. De repente, começou a colocar tudo em dia... Fiquei pensando... Sabe que sou franco e prefiro perguntar.
– Não vou mentir. Isso me passou pela cabeça várias vezes, mas estava envolvido demais com questões pessoais e acabei não buscando outra colocação.
– Mas ainda pretende fazer isso?
– Não é a minha intenção agora.
Fernando se surpreende consigo mesmo. Nunca foi bom de encenação. Na verdade, em nenhum momento pensou em sair da empresa. Ainda tem alguns traumas do período em que foi empresário. Fica difícil abrir mão de uma empresa sólida, que paga um bom salário e em dia.
– Tenho algo que a matriz enviou para você. Chegou hoje.
Fernando recebe o envelope e o abre. Fica surpreso.
– Duas passagens para a Alemanha? O que isso significa?
– Significa que você não ficou com o prêmio em dinheiro, mas ganhou muito mais, meu caro. Ganhou prestígio. O seu projeto realmente será desenvolvido, e a matriz precisa de você lá para o planejamento. O projeto do primeiro lugar só será colocado em prática no ano que vem. Entendeu?
Fernando respira fundo, agradecendo em pensamento a Nossa Senhora de Fátima.

— Não sei nem o que dizer.

— Não precisa dizer nada, apenas planeje a viagem com sua mulher quanto antes.

— Meu Deus, os bilhetes são para daqui alguns dias!

— Isso mesmo. Parabéns! Você mereceu.

— Muito obrigado. Se não fosse o empenho do senhor, eu não teria participado.

— Vamos dizer que eu tinha certo interesse em que um funcionário da minha equipe participasse — diz o doutor Carlos Sampaio com uma piscadela.

Abraçam-se, sorridentes.

Uma hora depois, Fernando chega em casa. Eufórico, solta a porta de entrada, que bate com o vento e envereda pela casa chamando por Lívia.

— Ei, quer acordar as meninas?

— Desculpe.

— Por que veio tão tarde hoje?

— Fiquei colocando uns trabalhos em dia e não vi as horas passarem, mas tenho uma novidade. — Fernando agita o envelope na frente de Lívia.

— Eu também — Lívia diz com sorrisinho no canto da boca.

— Sério? Então me conte.

— Conte a sua novidade primeiro. O que tem nesse envelope?

— Duas passagens. Nós vamos para Alemanha em alguns dias.

— O quê? Como, em alguns dias? Não posso ir.

— Não pode ir? Ouvi bem?

— A minha novidade é que arrumei um emprego e começo na próxima semana o treinamento para assumir o cargo.

Surpreso, Fernando solta o paletó no sofá da sala.

— Emprego, você? Que emprego?

Lívia levanta o rosto e os ombros e fala com ar de quem se orgulha de si mesma.

— Vou ser *personal shopper* no Shopping Cidade Jardim.

– Não sei o que me surpreende mais, você conseguir um emprego ou essa função. O que é uma *personal shopper*, Lívia?

– Uma consultora que ajuda os clientes a fazerem compras ou faz as compras por eles e depois manda entregar na casa deles.

– Meu Deus, é tudo o que você sabe fazer de melhor: compras! – diz Fernando, sorrindo e abrindo os braços para abraçá-la.

Lívia sussurra no ouvido de Fernando que está feliz como há muito tempo não se sentia. Fernando beija-lhe o rosto, pega a mão dela e a conduz até o sofá. Aninhados como dois adolescentes, ele fala da viagem para Alemanha e faz planos para uma segunda lua de mel.

– Mas como fica o meu emprego? Não vou abrir mão dele – afirma Lívia, afastando-se e encarando o marido com o rosto contraído.

– Peça para adiarem a data de início.

– Será que vão concordar? Fico insegura.

– Eles vão entender. A oportunidade de ir pra Alemanha com tudo pago por uma semana não cai do céu todos os dias. E uma pessoa especial como você eles não encontram em qualquer esquina. Vai dar tudo certo.

– Vou ligar amanhã cedo para o RH e ver o que pode ser feito.

Fernando se desvencilha dos sapatos e abre os botões da camisa. Fecha os olhos e sente o coração bater mais forte. Está satisfeito com os últimos acontecimentos. Sua vida está mudando, graças a Deus. Fica, no entanto, incomodado com o fato de Lívia arrumar um emprego. Será que ela abriria mão de viajar com ele pelo emprego? Seria esse emprego uma forma de Lívia ganhar o próprio dinheiro e aí voltar ao consumo desenfreado? Ele fecha os olhos e pede a Deus que os ampare para que tudo continue bem.

# diário do seije

**23/8**

Estou bem feliz com o progresso do casal Fernando e Lívia. Um mês atrás Lívia se desesperou ao se dar conta da realidade, e hoje recebi a notícia de que ela vai trabalhar. Que virada! O trabalho da psicóloga especialista em compras compulsivas e do psiquiatra vem surtindo efeito.

TODA MUDANÇA É POSSÍVEL desde que nós a queiramos. Às vezes é preciso humildade para reconhecer as limitações e buscar ajuda.

**26 de agosto, apartamento de Viviane**

Depois que conseguiram conversar civilizadamente, Viviane e Rodrigo se reaproximaram. Decidiram esperar o fim do ano letivo para tomarem alguma decisão em relação a Carla. Uma mudança demandaria mais custos – escola nova, uniforme, materiais. Nada que precisasse ser feito imediatamente. Conversaram com Carla e explicaram o motivo de adiarem a decisão, e Rodrigo esclareceu os mal-entendidos na frente de Viviane para que Carla não distorcesse a história depois. Viviane gostou do encaminhamento das coisas.

Carla e Felipe também adoraram a reunião em família. Até então, Viviane não tinha permitido que Rodrigo entrasse no apartamento. Ele sempre pegava as crianças na portaria do prédio. Estarem ali novamente os quatro juntos comendo uma pizza após uma conversa entre pai e filha dava a Viviane uma sensação de paz. Ela reparou nos olhares de Rodrigo, mas se fez de desentendida. Ainda não o havia perdoado; portanto, nenhuma chance de algo além de uma amizade em prol do bem-estar dos filhos.

Duas semanas depois, Rodrigo está prestes a chegar. Na semana anterior não pegou os filhos por causa de um curso. Para compensar, resolveu

pegá-los na sexta à noite em vez de sábado pela manhã. Enquanto espera pelos filhos, conversa com Viviane, que não resiste e pergunta:
– Voltou a estudar?
– Sim. Fiz um curso sobre psicanálise e psicologia econômica.
– Deve ser bem interessante.
– Muito! Depois dele entendi as decisões equivocadas que culminaram na perda que tivemos na bolsa.
– Melhor não tocarmos nesse assunto.
– Mas eu gostaria de falar disso, Vivi.

Viviane desvia o olhar. O assunto ainda mexe com ela. Levanta-se e pede que Felipe vá chamar Carla. Felipe sai. Rodrigo se levanta e coloca-se diante de Viviane, perscrutando-lhe os olhos.
– É tão difícil pra você me perdoar?

Viviane apenas respira fundo.
– Você não sabe como isso me faz mal. Na verdade, fiz esse curso pra tentar entender minhas atitudes. Entendi que é da natureza humana. Somos frágeis, limitados, com um cérebro primitivo. Também não fui o único a errar. Muita gente entendida no assunto errou. Só quero que saiba que estou buscando me conhecer melhor pra evitar novos erros e tentar recuperar as perdas. Isso não basta pra me perdoar?

Viviane ergue os olhos e responde com a voz embargada.
– Eu não tenho que perdoar você. Preciso perdoar a mim mesma por ter deixado você tomar as decisões sozinho. Eu, no mínimo, deveria ter acompanhado. Encontrar um culpado foi a forma de aliviar a minha própria culpa.
– Então por que continuamos separados? Por que não podemos reconstruir nossa vida juntos?

Carla e Felipe adentram a sala, e Viviane escapa da conversa com Rodrigo.
– Finalmente, Carla! Até parece uma noiva.

Rodrigo respira fundo, olhando para os pés, enquanto Viviane beija os filhos e faz as recomendações habituais.
– Vão com Deus – ela diz, olhando também para Rodrigo.

Cabisbaixo, ele apenas responde:

– Amém.

Ao fechar a porta, Viviane se escora nela de olhos fechados. Relembra o olhar de Rodrigo ao propor viverem juntos de novo e respira a liberdade que sente por estar cuidando da própria vida. Sente falta de um companheiro, sem dúvida, mas no momento deseja esse tempo de aprendizado, de novas descobertas. Não pretende negar a importância de Rodrigo em sua vida, mas deseja-o apenas como um amigo. Em seguida, pega o celular no bolso e envia uma mensagem a Seije para confirmar o encontro no dia seguinte.

Às nove horas, a campainha toca. Viviane abre a porta sem olhar pelo olho mágico. Tem certeza de que é Seije. Cumprimentam-se e vão para a mesa da sala. Viviane preparou um café da manhã. Música clássica em um tom bem discreto envolve o ambiente.

– Vivaldi! – reconhece Seije.

– Isso mesmo. Você gosta?

– Me traz boas lembranças.

– Que bom! Posso saber quais são?

– Lembra meus pais. Todos os fins de semana eles nos reuniam na sala, eu e minha irmã, e davam um livro para cada um. Livros de histórias infantis. Era a hora da leitura semanal. Colocavam música clássica bem baixinho. A música embalava as cenas que se formavam na minha mente. Impossível ouvir música clássica e não me lembrar desses momentos.

– Que sabedoria dos seus pais!

Tomam o café ao sabor das lembranças. O celular de Viviane vibra sobre a mesa, e ela se espanta ao ver as horas.

– Acredita que já faz uma hora que estamos tagarelando?

Seije se prontifica a ajudar Viviane a retirar as coisas do café para deixarem a mesa livre. Minutos depois Viviane traz para a mesa o *notebook* e mostra a planilha para Seije.

– Conseguiu reduzir bastante as despesas. Parabéns, Viviane!

– Estou cuidando de cada real. Anoto tudo e em seguida passo para a planilha. No começo foi difícil. Cinco meses depois já me acostumei.

Seije lembra que, quando respondeu ao questionário, Viviane dizia que não fazia nenhum tipo de controle, comprava onde fosse mais prático e não pesquisava preços. Agora a planilha mostra os resultados de sua mudança de atitude.

– Como se sente olhando esta planilha? – pergunta Seije.

– Orgulhosa de mim e de meus filhos. O conhecimento que obtive sobre funcionamento de bancos, taxas de juros e organização financeira equivalem a uma pós-graduação.

– Ótimo. E as compras, como andam?

– Podemos pular esta parte?

– Me conte o que anda aprontando.

– Em primeiro lugar, quero dizer que pesquisei o preço antes e ainda não fechei nada. – Faz uma pausa antes de contar, com um brilho nos olhos azuis, que cotou os preços de próteses de silicone para os seios. Seije desvia o olhar, constrangido. – Eu fiz as contas. Parcelando em dez vezes, cabe no orçamento – Viviane explica.

– É difícil opinar sobre uma decisão desse porte, mas vou me ater à questão financeira, tudo bem?

– Estou pronta pra ouvir.

– Qual a razão de eu acompanhar as suas finanças?

– Ajudar a colocar a minha vida financeira em ordem pra cumprir o pedido de minha mãe.

– Muito bem. E qual foi o pedido de sua mãe?

– Que eu organizasse minhas economias para que coubesse um MBA no meu orçamento.

– No prazo de seis meses, certo?

– Sim.

Viviane passa a mão na testa e faz sinal com a mão para Seije parar, pois já entendeu.

– É frustrante – diz, contraindo os lábios e o queixo.
– Até minutos atrás me disse que se sentia orgulhosa. Por que isso agora?
– Sinto falta de fazer algo por mim, de me cuidar, de me sentir bonita novamente.
– Viviane, não vão faltar pretendentes mesmo se você não colocar essas próteses até o próximo verão.
– Eu queria justamente estar com um novo visual no próximo verão, entende?
– Temos que fazer escolhas, e, quando fazemos uma escolha, abrimos mão de todas as outras possibilidades. Se preferir colocar silicone, a abertura do testamento será adiada, pois você não conseguirá verba mensal para o MBA. Você está preparada para administrar as consequências dessa escolha?
– Com certeza, não. Meus irmãos me matariam.
– Além dos seus irmãos, o que significaria para você não poder abrir o testamento?
– Seria frustrante e me incomodaria muito não cumprir a promessa que fiz para mamãe.
– Então procure ver o lado positivo de adiar o silicone para não ficar se remoendo.
– Pode ser que a herança pague o silicone.
– Falta pouco. Apenas um mês.
– É verdade. Quem sabe a herança será suficiente para pagar o silicone?
– Tenho certeza de que se continuar com esses resultados, no mês que vem, se conseguir resistir à tentação de fazer compras que causem impactos sobre o orçamento, seu objetivo estará cumprido. Suas despesas estarão ajustadas para uma quantia inferior à sua receita e vai sobrar dinheiro pro MBA.
– Se eu estiver matriculada no MBA, serei elegível para a promoção prometida pelo meu chefe. Meu salário vai aumentar. *Eureka*! – comemora Viviane, espalmando a mão direita e convidando Seije a cumprimentá-la, como fazem os adolescentes.

– Sem crise! Se conseguir entender que não dá pra ter tudo de uma só vez e fizer uma escolha de forma consciente, pesando prós e contras, não sofrerá por abrir mão do restante. Vai viver mais feliz.

– Não sei como te agradecer. Tem sido amigo, psicólogo, consultor, motivador. Acho que não conseguiria sem sua ajuda.

– Então me dê um abraço e ficamos quites.

Viviane lhe dá um abraço afetuoso. Sente o perfume dele e seu coração dispara. Sente que ficou corada. Ele beija seu rosto e se despedem.

– Obrigado pelo café da manhã. Estava maravilhoso – Seije diz, enquanto entra no elevador.

Viviane deixa a porta bater com a corrente de vento, e se joga no sofá, chorando. Seu plano deu errado. Achou que falar do silicone puxaria uma conversa mais íntima, que ele diria que seus seios são maravilhosos, que o olhar dele se insinuaria pelo decote da blusa escolhida cuidadosamente para deixar o colo exposto. Mas ele não fez nada disso. E isso só faz com que ela o admire ainda mais. Um homem fiel, respeitador e discreto. De onde ele teria vindo, de Marte? Por que não sente nada disso por Rodrigo, pai de seus filhos, bonito, charmoso e desimpedido? Por que essa atração por um homem casado?

Precisa realmente que esse testamento seja aberto o quanto antes para não se encontrar mais com Seije.

*diário do seije*

**26/8**

Está cada vez mais difícil resistir aos encantos de Viviane. Aquele decote, aquela pele, aquele cabelo! Ela é simplesmente maravilhosa. Entendi o recado hoje, mas me faltou coragem. Não sei se estou pronto. Cecília foi um grande amor, a pessoa mais especial que já passou por minha vida. Foi muito difícil superar sua morte. Se não fosse pelo apoio de Sophia, já teria me entregado à depressão. Agora estou eu aqui encantado justamente pela filha da minha amiga. Ah, querida, provavelmente você pensou nessa possibilidade ao me aproximar de seus filhos, não é?

Preciso tomar coragem e conversar com Isabel para desabafar. Quem sabe ela não me ajuda?

### 30 de agosto, escritório do doutor Marcondes

Os três irmãos se encontram no escritório do doutor Marcondes a pedido do pai. Isabel parece nervosa, tamborilando a ponta dos dedos no braço da cadeira.

– Ele já está quinze minutos atrasado – queixa-se. – Será que ainda demora?

O doutor Marcondes sugere que conversem à mesa de reunião, enquanto o pai deles não chega.

– Estive com o pai de vocês esta semana e esclareci alguns pontos. Expliquei que ele não tem direito à partilha do inventário e que, se Sophia quisesse, poderia deixar algo para ele em testamento. Aconselhei-o a não perder tempo tentando impugnar o testamento. Ele não tem argumentos legais para isso. Mesmo assim, insistiu neste encontro.

– Mamãe tinha muita mágoa dele, sequer permitia que tocássemos no nome dele. Duvido que lhe tenha deixado algo em testamento – comenta Fernando.

– Talvez toda essa mágoa represada a tenha levado ao câncer – reflete Viviane, como se estivesse pensando alto.

– Vai ser ridículo se ele estiver incluído no testamento. Depois de tantas exigências conosco, não é possível que dona Sophia desse algo de mão beijada pra ele, sem pedir nada – argumenta Isabel, levantando-se e erguendo o tom de voz.

O doutor Marcondes tenta desanuviar o clima, pedindo que se acalmem. Viviane então argumenta com os irmãos.

– Não adianta ficarmos irritados. Primeiro, não sabemos o que tem no testamento. Segundo, ele não pode ser mudado. E terceiro, convenhamos, tudo o que mamãe pediu que fizéssemos só nos trouxe benefícios.

– Se não fosse a mamãe propor este desafio – Fernando complementa –, minha vida financeira estaria um caos, meu casamento teria acabado e com certeza eu estaria infeliz ou à beira de um novo infarto.

Quando Fernando termina de falar, Isabel se manifesta, num sussurro, como se saindo de um transe.

– Realmente, este desafio mudou minha vida. Eu tinha medo de assumir o que gostava de fazer para não demonstrar a dona Sophia quanto a admirava. – Aos poucos, a voz de Isabel se torna mais firme. – Foi com ela que aprendi a fazer todos os pratos da culinária portuguesa. Sempre gostei. Na carta que ela me deixou, seus elogios resgataram a minha autoestima. Hoje sou mais feliz e tenho que admitir que as diferenças ficaram para trás. Não sou mais a criança que se sentia rejeitada. Sou adulta e dona do meu destino.

Viviane fica calada. Está emocionada com a fala dos irmãos e apreensiva quanto à reação de Isabel e Fernando ao encontrarem com o pai após dezesseis anos. O doutor Marcondes pega uma caixa de lenços de papel na estante e a coloca no centro da mesa.

– Vocês realmente são filhos de Sophia. Uma mulher tão maravilhosa que só poderia ter filhos maravilhosos também. Fico feliz de conhecê-los.

– O senhor tem certeza de que meu pai não poderá impugnar nem mesmo anular este testamento por ele ter sido feito em um avião? – pergunta Viviane, retomando o assunto que os levou até lá, enquanto seca os olhos.

O doutor Marcondes explica que o Código Civil brasileiro de 2002 prevê o testamento especial, que pode ser escrito dentro de aeronave ou navio, diante do comandante e duas testemunhas se a pessoa estiver em risco de morte. No primeiro aeroporto ou porto nacional a que chegarem, o testamento é entregue às autoridades. Assim foi feito.

– Mas mamãe não morreu no avião. Vale mesmo assim? – pergunta Fernando.

– Sim, vale, porque ela morreu dias depois. O testamento só é invalidado se a pessoa não morrer até noventa dias após o desembarque – esclarece o doutor Marcondes.

– E como fica a partilha do inventário e o testamento? – pergunta Viviane.

– As leis são claras, e Sophia só poderia dispor em testamento de algo que não fosse de direito dos herdeiros necessários.

Isabel pergunta o que quer dizer "herdeiro necessário". O doutor Marcondes explica que é quem tem prioridade na herança: descendentes, como filhos, netos e bisnetos; ascendentes, como pais, avós e bisavós, e o cônjuge, que tem direito à meação, ou seja, cinquenta por cento dos bens do casal, dependendo do regime de casamento. Ele explica ainda que, se Sophia incluiu no testamento alguém além dos herdeiros necessários, essa pessoa só receberá algo que a lei permita. Mesmo que seja vontade de quem fez o testamento, não se pode contrariar o o Código Civil.

– E por que o testamento está em um cofre de banco?– pergunta Viviane.

– Sua mãe decidiu assim. Quando ela desembarcou no Brasil, no Aeroporto de Guarulhos, como estava consciente, as autoridades entregaram o testamento a ela e ela pediu que o entregassem a mim. Fui lá e o retirei. Como disse antes, eu já tinha uma procuração assinada por ela antes da viagem.

O telefone toca, e o doutor Marcondes atende. Pela fala, os irmãos concluem que se trata do pai, Dorival. A conversa é rápida.

– Ele não virá – informa o doutor Marcondes. – Disse que amanheceu com indisposição intestinal e não conseguirá sair de casa. Pede um novo encontro na semana que vem.

– Amarelou, covarde!

– Bel! Respeite nosso pai.

– Santa Vivi de Calcutá incorpora de novo. Quando você vai enxergar quem ele é de verdade?

Fernando interrompe as irmãs.

– Deixem pra lá, já tomamos muito tempo do doutor Marcondes.

Viviane tem a impressão de que Isabel ficou aliviada. Apesar de toda a raiva que deixa transparecer, no fundo não sabe se ela resistiria a um abraço do pai. Sua mãe sempre dizia que cão que ladra não morde. Assim é Isabel.

Já na calçada, os irmãos resolvem almoçar juntos, algo que não fazem há algum tempo. Isabel sugere um restaurante próximo que tem comida vegetariana no cardápio. Seguem a pé e o clima tenso de minutos antes se desfaz. Fernando abraça uma irmã de cada lado e confessa que está muito feliz. Uma cena digna de uma foto e que deixaria Sophia muito satisfeita.

Fernando conta que tem algo a comemorar: sua ida para a Alemanha e o desenvolvimento do seu projeto. Faz um agradecimento especial às irmãs, que estiveram ao seu lado no momento difícil que passou, e reconhece que se não fosse por Viviane ele não teria participado do concurso. Viviane o aperta na cintura e lhe dá um beijo no rosto.

Minutos depois, na mesa do restaurante, Fernando faz algumas brincadeiras com os talheres, como fazia quando criança. Elas riem. Relembram o passado e alguns fatos da infância.

– Lembra aquela vez que apostamos quem adivinhava os presentes de Natal? – pergunta Fernando.

– Como vou esquecer? Foi surpreendente. Até apalpei os pacotes e mesmo assim errei – responde Viviane.

– Eu fui honesta. Não apalpei nada e, apesar dos pacotes serem iguais, imaginei uma boneca para Vivi, um jogo de panelinhas pra mim e um jogo de botões para o Nando – fala Isabel.

– Tenho que confessar algo. Vi a nota fiscal dos *kits* de jardinagem que mamãe comprou, por isso acertei – Fernando conta.

– Sem-vergonha! Como teve coragem de enganar suas irmãs dessa forma? – diz Viviane, sorrindo.

– Eu sabia que tinha alguma malandragem – comenta Isabel, comprimindo os olhos e apontando o dedo indicador para Nando. – Quero as balas que apostamos, com juros e correção de quase trinta anos. Digamos que isso hoje equivale a uma bicicleta.

– Só fui esperto.

– Vamos fazer uma nova aposta! Que tal cada um dizer o que acha que mamãe deixou para nós em testamento? – propõe Viviane. – Quem acertar ganhará um almoço especial.

Fernando e Isabel topam, e os três fazem adivinhações. Fernando arrisca que receberão joias que Sophia possuía e das quais nunca se desfez porque tinham para ela um valor sentimental. Isabel acredita que sejam imóveis na ilha da Madeira e que a viagem para lá tenha sido para regularizar essa questão. Viviane concorda que possa ter algo relacionado à viagem, mas aposta que a mãe recebeu uma herança em dinheiro.

O garçom se aproxima com os pratos. Fernando olha as irmãs. Depois dos últimos acontecimentos, qualquer rixa de infância ou adolescência perdeu o sentido. Nem mesmo a atitude do pai o afetou tanto como afetaria tempos atrás. Hoje, adulto, entende que todos podem errar. Seu pai cometeu um erro e pagou um preço alto por isso. Não deu, mas também não recebeu carinho dos filhos esses anos todos. Talvez agora, envelhecido e sozinho, ele aprenda com a vida o valor da família. Escolhas e consequências, assim nosso destino vai se construindo dia a dia.

Depois do dia do confronto diante das sacolas, é a primeira vez que Lívia volta a mexer nelas. Aproveita que Fernando foi ao encontro das irmãs para colocar as roupas e os sapatos no armário. Ter que entrar em contato com a realidade e admitir que algo estava fora de controle foi muito doloroso e provocou nela uma enorme sensação de vazio. Foi depois de uma conversa no elevador, quando uma vizinha percebeu o seu abatimento e começou a especular sobre sua vida, que Lívia resolveu buscar ajuda. Sua crise pessoal já estava transparecendo até para estranhos, e isso era um péssimo sinal.

Dizendo que tinha uma cunhada com problemas de compulsão, pediu indicação de uma profissional especialista a uma amiga no clube, pois não queria se consultar com a mesma psicóloga de Fernando. Assim que iniciou a psicoterapia, percebeu que, se não tivesse tanto preconceito, poderia ter evitado muito sofrimento. Perceber a si mesma e lidar melhor com as próprias emoções lhe trazia uma leveza que havia muito não sentia. A psicóloga indicou-lhe um psiquiatra, pois somente um médico pode receitar medicamentos, e Lívia precisa de alguns para se reequilibrar. Sentia-se bem e com coragem para iniciar a busca por algo que preenchesse esse vazio.

Pensou em procurar um emprego, mas nunca havia trabalhado e nem imaginava por onde começar. Uma das amigas, dona de loja no Shopping Cidade Jardim, o predileto de Lívia, comentou sobre a vaga de *personal shopper*. Seria sua oportunidade? Lívia ficou ligada e discretamente indagou sobre a vaga. Percebeu que, quando se tem um foco, as oportunidades não passam despercebidas. Conhecia esse serviço no Shopping Iguatemi e acreditava ter o perfil para o trabalho. Conhecer as lojas e os produtos disponíveis, identificar-se com o público-alvo, ter bom gosto e criatividade, ser bem-educada, ter inglês fluente e o básico de francês e espanhol a tornavam uma boa candidata. Tomou coragem e se apresentou para a vaga, com um frio na barriga, como se estivesse fazendo algo errado. Participou do processo seletivo, experiência até então inédita em sua vida, e foi aprovada para a entrevista final. Lembra que ao sair do RH após a notícia da aprovação, com o pedido de exame médico admissional e a lista de documentos a serem providenciados, teve vontade de abraçar cada pessoa que passava por ela nos corredores, tamanha a alegria que sentia. Uma alegria diferente, uma alegria que preenchia a alma.

Algumas horas depois dessa alegria, Fernando trouxe a notícia que a colocaria diante de um tremendo dilema. Terá que escolher entre trabalhar e viajar com o marido para a Alemanha, pois o RH não aceitou adiar a data de seu início no emprego. Pensou muito, pesou os prós e os contras e tomou a decisão que vai compartilhar com Fernando assim que ele chegar em casa.

Ainda faltavam duas sacolas para serem esvaziadas quando ouve Fernando chegar. Guarda-as no armário e se encaminha para a sala.

– Tudo bem?

– Meu pai não apareceu.

– Por quê?

– Disse que estava com uma indisposição intestinal. Mas estou ansioso pra saber como foi no RH. Liguei várias vezes e seu celular caía na caixa postal. Em casa ninguém atendia.

– Cheguei não faz muito. Meu celular estava sem bateria. Coloquei pra carregar agora.

– Então?

– Não concordaram. O RH disse que a data de meu início não pode ser adiada.

– Como não concordaram? Que droga! E agora?

– Vou ter que escolher. Ou a viagem ou o emprego.

– E?

A campainha toca insistentemente. Lívia diz que são as meninas voltando do *playground* e vai abrir a porta e receber as filhas. Pede para tomarem um banho bem caprichado e avisa que as roupas já estão separadas sobre as camas. Fernando as beija e fala que quer vê-las bem cheirosas. O sorriso que esboçava no rosto ao falar com as filhas se desfaz com a pergunta.

– Então, qual foi sua escolha?

– Acho que você vai me entender – Lívia respira, ergue os olhos para Fernando e diz que ficará com o emprego.

– Você o quê?

– Tive que escolher, Nando. Vou ficar com o emprego.

– Só pode estar brincando comigo. Passou uma vida inteira sem trabalhar e agora, diante de uma oportunidade única de viajarmos com tudo pago e celebrarmos uma nova etapa de minha vida profissional, você escolhe o emprego?

– Você não imagina como foi difícil tomar essa decisão, mas eu não poderia jogar para o alto esta oportunidade. Passei por um processo seletivo difícil, concorri com vinte candidatas e fui escolhida.

– Se fosse pra me humilhar arranjaria um tempo. Mas pra celebrar que o falido aqui vai sair do buraco e vai voltar a ter prestígio e ascensão profissional, você não pode.

– Ah, então você queria minha companhia somente pra me jogar na cara o seu sucesso? Bom saber.

– Não vem querer inverter as coisas. Você sabe quanto é importante ter você ao meu lado.

– Sinto muito, Nando, mas pela primeira vez me sinto importante pra mim.

– Pela primeira vez se sente importante? Tudo que eu e seu pai fizemos o tempo todo foi fazê-la se sentir importante, uma rainha.

– O que você e meu pai fizeram foi me manipular o tempo todo. Meu pai controlava minha vida em troca de dinheiro. Você mantinha meus luxos pra satisfazer o próprio ego de poder desfilar com uma mulher bonita e requintada. Me fiz de tola a vida inteira e me deixei levar, agora resolvi assumir o controle de mim mesma.

– Você acredita que casei com você só por sua beleza? Que aguentaria tudo que já aguentei, as humilhações, os excessos, para poder te exibir? Inacreditável. Você não tem noção dos meus sentimentos após todos estes anos de convivência!

Fernando vai para o quarto e bate a porta. Lívia suspira e segue em direção ao quarto das crianças.

Dias depois, Fernando parte para a Alemanha. Lívia não o acompanha até o aeroporto por estar em treinamento. O clima entre os dois continua tenso. Mal se falam. Mesmo assim, ela se sente em paz e acredita ter feito a escolha certa.

**3 de setembro, apartamento de Viviane**

O sábado chuvoso e a ausência das crianças deixam Viviane nostálgica. Enquanto rega as flores que enfeitam a sala, seus pensamentos voam. Antes, quando se sentia sozinha, corria para a casa da mãe que a ouvia e dava bons conselhos enquanto preparava um chá e bolinhos. Saía de lá fortalecida e pronta para continuar com suas lutas. Enxuga uma lágrima. Não tem mais esse apoio. Se ao menos estivesse casada com um homem amigo, companheiro e amante, teria a quem recorrer para sair desse estado de espírito depressivo. Desde a separação, não se envolveu com ninguém. Haveria algo errado com ela? Amadurecimento talvez fosse o problema. Não quer ter alguém ao seu lado só por ter. Quer um homem maduro, que admire de verdade e que a faça se sentir amada e segura. Ultimamente, está difícil encontrar alguém assim. Muitos homens se sentem atraídos por ela, mas ela não se sente atraída por nenhum. Talvez porque tenha consciência de que os homens que tentaram se aproximar só queriam uma mulher bonita para fazer sexo. E, como dizia sua mãe, a beleza é passageira. Quer se relacionar com alguém que a continue amando e admirando mesmo quando não tiver mais atrativos físicos.

Seije deve ser assim com sua mulher, pensou. Ao mesmo tempo, se surpreendeu. Por que Seije aparece em seus devaneios de forma tão espontânea? O que ele mais uma vez fazia em seus pensamentos?

O telefone toca.

– Oi, mana, como está?

– Oi, Bel, estou aqui cuidando de minhas flores. Você precisa ver a orquídea que me deu ano passado, está linda, toda florida.

– Posso ir daqui a pouco?

– Nossa, que rapidez! Venha quando quiser. Não vou sair.

– O Seije está aqui comigo, acabamos de fazer nossa última sessão de acompanhamento. Ele pergunta se pode ir junto.

Viviane sente o coração se acelerar.

– Lógico que pode, ele é sempre bem-vindo.

– Até daqui a pouco.

Será sintonia? Viviane coloca o celular no bolso da calça e dirige-se ao espelho na parede da sala.

– Quase onze horas da manhã e ainda com esta cara? Estou péssima, preciso dar um jeito nisso – diz em voz alta para a imagem no espelho.

Corre para o quarto e se põe a escolher uma roupa. Escolhe um conjunto lilás. Elegante com um toque de suavidade matinal.

– Será que Seije vai gostar?

Ao ouvir o que acaba de dizer, enquanto se olha no espelho com a roupa diante de si, Viviane solta a roupa no chão. Não se reconhece. Estaria gostando de um homem casado? Jamais se permitiria isso. Não deseja aos outros o que não gostaria para si. Não teria coragem de desmanchar um lar, por mais que estivesse apaixonada. A cabeça está confusa. Enxuga o rosto, precisa reagir. Logo eles chegarão. Pega a roupa e se arruma. Passa uma maquiagem leve. Ensaia caras e bocas diante do espelho, tentando tirar o ar deprimido de seu rosto. Seije é só um amigo, um novo amigo que mais parece um amigo de infância. Sente na presença dele tranquilidade e ao mesmo tempo firmeza. Racionalidade e sensibilidade. Uma pessoa admirável, mas nada mais que um amigo. Tenta se convencer. Lembra que precisa recolher a bagunça da sala, quando a campainha toca.

– Já vai – ela diz, recolhendo tudo rapidamente e colocando na cama do quarto.

Passa as mãos no cabelo, ajeita a roupa, respira fundo e segue em direção à porta, buscando disfarçar o ar nostálgico com um sorriso de cordialidade.

– Sejam bem-vindos!

Isabel e Seije colocam os guarda-chuvas no suporte logo na entrada e se encaminham para o sofá.

– Então, me conte as novidades, Bel.

– Cumpri o desafio de dona Sophia, e Seije aprovou a minha administração financeira. Estou apta a receber minha herança.

– Aê, parabéns! Vamos brindar com um suco de uva delicioso que eu trouxe de Bento Gonçalves. Já está geladinho.

– Você esteve lá? – pergunta Seije.

– Sim, fui a Gramado no mês passado, a trabalho, e aproveitei para conhecer as maravilhosas vinícolas da serra gaúcha. Trouxe algumas garrafas de vinho e de suco de uva natural, além dos maravilhosos chocolates de Gramado.

– Nossa, nem fiquei sabendo, mana!

– Foi uma viagem rápida. Uma reunião numa sexta-feira. Aproveitei o sábado para fazer um *tour* e voltei no domingo. Rodrigo ficou com as crianças.

– Já estive lá. Um passeio maravilhoso – diz Seije

– Em que época do ano você foi?– pergunta Viviane. – Dizem que por ocasião do Natal Gramado se torna a cidade mais linda e charmosa do Brasil.

– Estive lá no inverno de 2006. Foi minha viagem de lua de mel – Seije responde.

– Ah! – Viviane balbucia enquanto coloca a bandeja na mesa de centro. Não consegue dizer mais nada.

– Que foi, Vivi? Está passando mal? De repente ficou pálida.

– Já passou. Acho que estou há muito tempo sem me alimentar, não vi as horas passarem. Mas vamos ao brinde.

Enquanto brindam, Viviane observa que o rosto de Isabel demonstra felicidade, leveza. Ficou mais bonita, mais feminina, mais agradável. Estaria ela interessada em Seije? Os dois parecem tão à vontade!

– Ei, Vivi, planeta Terra chamando – Isabel sorri, estalando os dedos junto do rosto de Viviane.

– Estava longe – observa Seije.

– Desculpe, estou meio aérea mesmo. O suco de uva vai me fazer bem.

– Não foi só pra comemorarmos meu sucesso que viemos. Queremos lhe fazer um convite.

Viviane sente um nó no estômago. Impassível, vira-se para Isabel e escuta.

– Eu e Seije descobrimos que temos o mesmo gosto musical. Vamos assistir ao *show* da Marisa Monte hoje à noite. Sei que você também adora e achei que gostaria de nos fazer companhia. Vamos?

Desconcertada com o convite inesperado, Viviane não se contém.

– E sua mulher, não vai? – pergunta em tom de cobrança, querendo uma justificativa para ele estar "descobrindo o gosto musical" da sua irmã.

Seije abaixa os olhos, Isabel balança a cabeça e encara Viviane com ar de reprovação. Viviane cai em si e tenta consertar a saia justa.

– Desculpe, disse alguma bobagem? – pergunta Viviane sem jeito.

– Não tem problema, pensei que já soubesse – responde Seije.

Viviane acha que vai vomitar tamanho o rebuliço em seu estômago. Será que ele iria se separar para ficar com Isabel? Os poucos segundos que se passaram até Seije falar pareceram uma eternidade.

– Minha mulher morreu um pouco depois de eu conhecer Sophia. Infelizmente, ela não conseguiu vencer o câncer.

Vendo a cara de "que fora que você deu" estampada em Isabel e com um misto de alívio e pena, Viviane só consegue exclamar um "sinto muito" em voz baixa.

– Foi difícil, mas hoje acredito que os desígnios de Deus são sempre a nosso favor. Ela não merecia tanto sofrimento – Seije diz sem nenhum constrangimento ou autopiedade.

Viviane percebe que está com o olhar vidrado em Seije e a boca entreaberta. Fecha a boca, engole a saliva, respira e tenta dizer alguma coisa.

– Que bom que pensa assim. Bola pra frente, não é? – Na verdade, Viviane não sabe o que dizer e está se sentindo uma idiota falando desse jeito. Isabel retoma o assunto do *show*. – É às nove da noite no Tom Brasil. Vai ou não vai?

– Lógico que vou! – Viviane responde com outro ânimo e com a esperança de poder olhar para Seije como mais que um amigo. Resta saber se não chegou atrasada na história. Primeiro quer ter certeza que Isabel não está envolvida com ele.

Viviane mostra as orquídeas que estão brotando. Em seguida, acertam os detalhes sobre o encontro da noite, e Isabel e Seije vão embora.

Viviane se larga no sofá e fecha os olhos, tentando relaxar. Desde o dia em que esteve no escritório do doutor Marcondes e ele lhe falou da mulher de Seije, procura conter seus sentimentos por ele, que considera uma pessoa muito especial. Mas em vez de estar feliz com a notícia, a angústia persiste. Será que terá que abrir mão de conquistar Seije por causa de sua irmã? Sente o coração se acelerar. Estariam apaixonados? Sacode a cabeça e os ombros ao mesmo tempo e promete que não vai mais pensar em nada até ter certeza de que o caminho está totalmente livre. Pega o celular para agendar o cabeleireiro.

No horário combinado, Viviane chega na entrada do Tom Brasil. Com olhar atento, procura por Isabel e Seije no lugar combinado. Vê Seije se aproximar. Com um *blazer* cinza, *jeans* preto e camiseta branca, está elegante, com ar jovial. Ela não estava menos bonita. Tinha caprichado na produção. Escolheu um estilo mais despojado: uma calça saruel, uma camiseta, um lenço em tons pastel no pescoço e uma sapatilha. O visual estava até discreto para o estilo Viviane de ser. O cabelo dava o toque final, com seu volume exuberante. O cabeleireiro, quando soube de um possível encontro, caprichou.

Ao avistá-la, Seije abre um sorriso e seu rosto se ilumina, fazendo com que Viviane corresponda de imediato.

— A Bel já chegou?

— Ainda não. Estou esperando ela ligar no meu celular para nos encontrarmos.

— Se ela vai te ligar acho que podemos comprar uma água sem causar desencontros.

Caminham em meio a uma multidão de fãs ansiosos pelo espetáculo. Vão conversando amenidades, quando o celular de Seije e de Viviane acusam o recebimento de uma mensagem. Viviane lê a mensagem atenta e enruga a testa, tensionando o rosto.

— O que foi, más notícias? — Seije pergunta.

— Mensagem da Bel dizendo que ela está com enxaqueca e que nem o *show* de sua cantora predileta consegue tirá-la de casa.

— Que chato! Ela estava tão animada! Foi ela quem me convenceu a vir — comenta Seije.

— Você também recebeu uma mensagem dela? — pergunta Viviane.

— Não, foi uma coincidência. Mais um torpedo da operadora me incentivando a gastar créditos.

— Será que Bel não precisa de ajuda? Faz muito tempo que ela não tem essas enxaquecas. Quando era adolescente, tinha de ser levada ao pronto-socorro para ser medicada.

— Ligue pra ela então.

Viviane tenta ligar e só cai na caixa postal. Tenta o telefone fixo e nada. Viviane conclui que ela desligou o celular e tirou o fone do gancho para não ser incomodada.

— E agora o que fazemos? — pergunta?

— Só nos resta assistir ao *show*. Estou com os ingressos.

— Ela vai perder o ingresso?

– Acredito que não. Haverá outro *show* amanhã. Acho que ela consegue trocar.

– Ah, que bom! É que aprendi outro dia com o meu mentor financeiro que não devemos desperdiçar dinheiro.

Seije sorri e aprova a dica com uma piscadela.

Na fila, muito próximos um do outro, Viviane sente o perfume de Seije e tem vontade de se aconchegar nele, de sentir-se envolvida pelos seus braços. Seije parece tranquilo e confiante como sempre. Pela primeira vez está na companhia dele sem ser para acompanhamento financeiro, para falar de seus deslizes, de seus equívocos, para ouvir como corrigi-los. Estão ali como amigos. Mas ela quer mais, muito mais.

Acomodam-se na plateia, e Viviane se encanta com o local das poltronas, com vista privilegiada do palco. Sugestão de Isabel, Seije diz, esboçando um sorriso.

– Que pena que ela não veio! Estava tão animada!

Seije concorda com a cabeça, sem tirar os olhos do palco. Viviane percebe que não deve haver nada entre ele e a irmã. Em nenhum momento Seije pareceu chateado por ela não vir.

O espaço vai lotando, até que ouvem o sinal de que o show vai começar. Nesse momento Viviane percebe que os lugares ao lado dela e de Seije estão ocupados.

– Você notou que os lugares ao nosso lado estão ocupados?

– Sim, qual o problema?

– Como, qual o problema? E o lugar da Bel?

Seije conta para Viviane que Isabel tinha pedido que ele comprasse aquelas duas poltronas. Ela viria com uma amiga e as duas ficariam nas poltronas ao lado. Algumas frações de segundo são suficientes para duas pessoas adultas e inteligentes entenderem o que está acontecendo. Eles se olham e sorriem. A música invade o ambiente.

Embalados pela música, eles acabam se aproximando, cantando, aplaudindo. No intervalo, Viviane sente os olhares de Seije mais cúmplices e faz um esforço enorme para acreditar que aquilo está acontecendo. Chega a hora tão esperada, quando a canção falará por ela. Apenas olha para Seije enquanto Marisa Monte canta aqueles versos inspirados: "Ainda bem / Que agora encontrei você".

O *show* termina e eles se permitem um abraço. Um longo abraço de olhos fechados, apenas sentindo um ao outro. A vontade de Seije é beijá-la e nunca mais sair do seu lado, mas ele tinha de se conter. Não sabia ao certo o que Viviane sentia por ele. Conhecia pouco da vida pessoal dela, mas muito sobre sua essência. Viviane é decidida, guerreira, madura, responsável e ética. E apesar de isso não ser o mais importante, é linda, exuberantemente linda. Ela tem um brilho nos olhos que a deixa ainda mais encantadora. Seije está completamente apaixonado por ela, com quem deseja ficar para sempre.

– Vou te levar até seu carro.
– Ele ficou bem longe da entrada – Viviane avisa.
– Sem problemas. Assim podemos conversar mais um pouco.

A noite está linda. No caminho até o carro, os dois riem como adolescentes.

Viviane pega as chaves na bolsa e se aproxima para se despedir.
– Nos vemos amanhã? – ele pergunta.
– Que tal ainda hoje, afinal já é quase amanhã? Aceita tomar um vinho em casa?

Isso era tudo o que Seije queria escutar. Um sinal de que seria correspondido.

– Vou pegar meu carro. Me espere na saída que vou te seguindo. Serei seu segurança.

O olhar de Viviane impede que ele se contenha, e os dois se beijam.

O telefone toca. Viviane acorda, mas não se mexe. Desligou o celular para não ser incomodada, mas esqueceu de tirar o fone do gancho. Pega o celular na mesa de cabeceira e o liga. Aparecem cinco chamadas não atendidas. Com os olhos semicerrados, resistindo à claridade, abre a lista de ligações para ver se tem chamada das crianças. Eram todas de Isabel. Ela solta o celular ao lado do travesseiro e se ajeita na cama para dormir mais um pouco. Alguns segundos depois, o celular toca. Isabel outra vez.

– Bom dia, maninha. Dormiu bem? Ou não dormiu? – Isabel pergunta com seu tom irônico costumeiro.

– E eu preocupada com sua enxaqueca – Viviane responde, quase bocejando.

– Relaxa, Vivi, você leva tudo muito a sério. Então, me conta como foi.

– Adorei. Amei. Foi um *show* maravilhoso.

– Não estou perguntando do *show*, dona dissimulada. Conta logo como foi com o Seije.

– Quem te falou que houve alguma coisa com Seije?

– Ah! Se não rolou nada, procure um analista, pois o caso é sério.

– Pode me contar o que te deu para fazer essa armação toda?

– Eu apenas enxerguei o que vocês dois fingiam não ver. Vocês estão apaixonados. Cada vez que encontro com Seije, ele só fala de você. Cada vez que te encontro, você só fala do Seije.

– Espera aí! Eu falo em função do desafio que tenho que cumprir. Aliás, melhor não lembrar disso agora.

– Mas seus olhos brilham e sua cabeça fica nas nuvens.

Viviane fica muda.

– Ei, que mal há em admitir que está apaixonada?

– O Seije se abriu com você? Como sabia que ele estava interessado em mim?

– No penúltimo encontro, contei pra ele que, desde meu último relacionamento, que terminou cinco anos atrás, a decepção foi tanta que me fechei para o mundo. Bud se tornou meu companheiro de todas as horas. Ele me ouvia, fazia festa e não saía do meu lado enquanto eu dormia. Somente quando Bud morreu percebi que estava realmente sozinha. Foi quando o

Seije falou da morte da mulher, que também havia se fechado para o mundo e que foi dona Sophia quem o fez ter coragem de encarar a vida de novo.

– E o que isso tem a ver comigo?

– Quando ele falou que a mamãe tinha lhe dado um presente ao pedir que ele se tornasse nosso mentor financeiro, perguntei por quê. Ele simplesmente respondeu que o coração dele tinha voltado a bater mais forte e ele se sentia vivo.

– E daí? Onde eu entro nessa história? Ainda não faz sentido.

– Larga de ser tapada, Vivi. Ser nosso mentor financeiro fez o coração bater mais forte? Pelo Nando e por mim com certeza não era. Só podia ser por você, né?

– Hum. Não sabia que tinha essa sensibilidade toda de perceber coisas nas entrelinhas. Você sempre foi uma rocha.

– Estou me descobrindo também. Mudei. Todos mudam. Mas...

Antes que Isabel terminasse a frase, Viviane senta na cama e pergunta de supetão.

– E por que não podia ser por você? Vocês dois ultimamente estão tão amigos, vivem juntos pra cima e pra baixo.

– Exatamente por isso. Somos amigos apenas. Há uma identificação por causa de experiências vividas. E nós dois estamos descobrindo novos caminhos na vida, caminhos menos dolorosos, mais felizes. Partilhamos essas descobertas e nos apoiamos um no outro. Mas não dá pra não notar o carinho com que ele fala de você, Vivi. Então, conta logo como foi ou vou ligar pro Seije.

– Foi maravilhoso. Um sonho que ainda custo a acreditar que aconteceu de verdade.

– Fico feliz por vocês.

– Se der certo, você será a madrinha!

– Coisa mais careta, mas aceito – Isabel solta uma gargalhada e se despede.

Viviane se afunda nas cobertas. Fecha os olhos e se deixa levar pelas lembranças da noite anterior.

*diário do seije*

**4/9**

Não tenho nem vontade de escrever. Quero apenas fechar os olhos e perpetuar a noite de ontem na minha mente. Pensei que nunca mais amaria ninguém como amei Cecília, mas com Viviane é tudo novo, tudo diferente. Só posso agradecer a Deus. Estou *feliz!*

**10 de setembro, apartamento de Fernando**

Fernando abre os olhos e se dá conta de que está em sua cama, em sua casa, no Brasil. Que maravilha! As pálpebras estão pesadas, ele boceja. Precisa levantar e tomar um banho. Aos poucos, tenta se conectar com a realidade. Lembra que é sábado, Lívia foi buscá-lo no aeroporto às sete da manhã. Quase não conversaram, ele ainda não se conforma com a escolha de Lívia, que de certa forma o rejeitou. Ela parecia alegre e entusiasmada com o treinamento. Nos últimos anos só a vira empolgada assim quando viajavam ou quando iam ao *shopping*. Será que Lívia teria mudado? Será que a terapia a estava ajudando? Difícil acreditar. Tomaram café com as crianças, e ele entregou uma bonequinha com roupas típicas alemãs para cada uma. Na hora, as meninas quiseram descer para mostrar para as amigas. Lívia concordou em ir com elas, pois aproveitaria para malhar um pouco na academia do prédio. Fernando mandou uma mensagem para o celular das irmãs e do seu chefe, avisando que tinha chegado bem. Deitou na cama e dormiu como um anjo.

Horas depois, Lívia entra no quarto e vê Fernando acordado.

– Já acordou, querido?

– Que horas são? Preciso entrar no fuso daqui. Segunda-feira, vida normal.

– São duas da tarde.

– Nossa! Já?
– Esqueci de te falar, hoje temos um jantar.
– Jantar?
– Aniversário do meu pai. Posso acender a luz?

Fernando concorda com a cabeça e pergunta:

– Vocês fizeram as pazes?
– Ele me procurou esta semana. Falei que estava fazendo um treinamento para começar a trabalhar e acho que ele não acreditou. Foi pessoalmente ao *shopping* constatar. Aparentemente, está tudo bem.

Fernando senta na cama, ensaiando levantar.

– Por que "aparentemente"?
– Ainda não conversamos depois do que aconteceu. Para voltarmos a conviver em harmonia, temos muito que acertar.
– Mas como você o recebeu?
– Senti vontade de abraçá-lo, o que mostra que minha raiva já não é tão grande. Mas me contive. Ele tomou a iniciativa, me abraçou carinhosamente. Senti que estava sendo sincero.

Fernando sente-se contrariado, afinal o afastamento do sogro de certo modo tinha sido positivo para sua vida conjugal.

– Seije confirmou que virá amanhã? – ele pergunta.
– Sim, mas não virá para almoçar. Só poderá vir às quinze horas.
– O almoço está pronto? Estou morrendo de fome.
– Enquanto toma banho, eu coloco a mesa. As meninas já almoçaram e estão brincando na casa da Marcela, no nono andar. Estamos sozinhos.

Fernando se faz de desentendido e não fala nada. Vai para o banho. Enquanto sente a água escorrer pelo corpo, alguns pensamentos invadem sua mente. O que de fato ele queria dessa relação? Sofria porque achava Lívia fútil. Agora que Lívia tinha um trabalho e demonstrava firmeza no propósito de mudar, tratando-o com respeito, carinho, ele a rejeita? Por que não se sente feliz com a mudança de Lívia? Talvez porque ela tivesse razão ao dizer que ele a manipulava. De certa forma, Lívia só fez tudo o que fez por que ele permitiu. E permitiu por medo de perdê-la. Está confuso. São muitos sentimentos e não consegue decifrá-los.

O almoço estava delicioso. Lívia está calma e procura agradá-lo o tempo todo. Lança-lhe olhares, mas Fernando disfarça e alega estar com dor de cabeça. Lívia parece desistir de conquistar a atenção do marido e sai para o supermercado. Fernando aproveita a ausência de Lívia e liga para Seije.

– E aí, amigo, tudo bem?

– Que bom falar com você! Amanhã temos nosso encontro, certo?

– Tudo certo. Lívia me falou que virá às quinze horas. Mas preciso falar com você antes. Tem um tempinho agora?

– Opa, sempre há tempo para os amigos. Pode falar.

Fernando confidencia para Seije que, desde que Lívia arrumou emprego, seus sentimentos mudaram. Deveria estar feliz, mas não está. No início pensou que seria uma reação por ela não ter ido com ele na viagem, mas ao discutirem percebeu que tem muitos ressentimentos que fingia não sentir e que afloraram diante da ameaça real de perder Lívia.

– Por que ameaça real? – pergunta Seije.

– Por que pela primeira vez Lívia toma uma atitude firme, de mudança. Nesse processo, ela pode querer se separar, afinal já fez duas ameaças. Na primeira, voltou porque enfartei. Na segunda, porque o pai não aceitou acolhê-la. Agora começa uma carreira profissional, poderá se sustentar talvez.

– Você precisa responder a seguinte questão: se a ama de verdade e quer continuar casado com ela. Se a resposta for positiva, os ressentimentos serão superados.

Fernando respira fundo enquanto anda de um lado para outro com o celular no ouvido, atento à fala de Seije.

– Em segundo lugar, você deve se questionar por que razão acredita que Lívia está com você. Por culpa ou falta de opção? Será que nesses anos de crise financeira, apesar das atitudes equivocadas e imaturas, se ela não te amasse, já não teria largado tudo pra viver com o pai, que oferece todas as facilidades a ela e às netas?

– É isso que ainda me dá esperança. Ela poderia ter partido para o divórcio com o total apoio do pai e não fez isso. Mas em seguida despejava sua frustração em cima de mim com humilhações. É difícil digerir isso.

– Lívia precisava de ajuda e só te agredia porque estava infeliz. Já parou pra pensar que quem está feliz não precisa agredir ninguém?

– Tem sentido.

– Agora ela se sente bem, por isso não precisa mais te agredir. Ela está em pleno processo de mudança e você deveria apoiá-la e parabenizá-la pelo esforço, pois mudar comportamentos é a maior dificuldade das pessoas.

– Eu sei. Estou sentindo na pele a dificuldade em aceitar que Lívia não vive mais em função da família e que terá uma vida profissional. Acho que estou sendo egoísta e ciumento.

– Concordo.

– Obrigado pela terapia.

– Também preciso me abrir com você. Tem um tempinho?

– Que novidade é essa?

– Quero que saiba por mim.

– Fale logo, homem. O que aconteceu?

– Estou completamente apaixonado pela Viviane.

– O quê? Pela Vivi? E ela?

– Estamos namorando, mas ainda não tornamos isso público. Só a Bel e agora você sabem.

– Que notícia boa, Seije! Mas, veja lá, Vivi é minha irmã caçula e tenho um carinho especial por ela. Quais são suas intenções?

Seije dá uma risada sonora e diz sentir-se aliviado com a reação de Fernando. Tudo o que deseja é amar e ser amado.

Fernando desliga o celular e sorri. A notícia o deixou animado. Viviane vai reconstruir sua vida. Tomara que esse relacionamento dê certo. Ela merece.

E a sua vida, como ficará? Precisa vencer esses sentimentos para ter paz. Tudo está caminhando bem, as situações ruins ficaram para trás. Não tem por que se manter distante de Lívia.

diário do seije

10/9

Falta uma semana para completar os seis meses estipulados por Sophia para a abertura do testamento. Confesso que estou curioso para desvendar o mistério. O que será que Sophia deixou para os filhos?

De qualquer forma, estes seis meses foram muito gratificantes para mim. Ganhei uma nova família e participei de um processo de transformação maravilhoso. Hoje posso afirmar que os três amadureceram, são conscientes do que desejam para sua vida e tomam decisões apropriadas.

Percebo que Fernando e Lívia estão se acertando, se reconhecendo dentro das mudanças pelas quais cada um vem passando. Isabel hoje é uma pessoa mais leve, mais confiante. Viviane está mais flexível com os filhos e consigo mesma — e a cada dia mais linda.

E eu estou mais feliz e a cada dia mais apaixonado. Faz só uma semana que comecei a namorar Viviane, mas parece que sempre estivemos juntos. Preciso tomar cuidado com minhas decisões agora, pois uma pessoa apaixonada fica totalmente entregue às emoções.

## 13 de setembro, escritório do doutor Marcondes

Os três irmãos estão novamente no escritório do doutor Marcondes. Dessa vez o pai também está. Isabel e Fernando o cumprimentam de longe, secamente, e sentam do lado oposto à mesa de reuniões. Viviane beija o pai na testa e senta-se ao seu lado. O doutor Marcondes, cordial e bem-humorado, fala para ficarem à vontade.

– Então o que quer de nós? – dispara Isabel.

– Pega leve, Bel – Viviane a repreende.

– Pode deixar, Vivi, prefiro a raiva à indiferença – diz Dorival.

Dorival aperta as mãos como que querendo contê-las. Parece nervoso. O abatimento é nítido em seu rosto magro e cheio de rugas. Fica em silêncio.

– Preciso dizer algo que deveria ter dito dezesseis anos atrás.

– Estamos ouvindo – diz Fernando, parecendo ansioso.

– Perdão. Preciso pedir perdão por ter me afastado de vocês.

Aquela fala carregada de emoção pega Isabel de surpresa. Não imaginava ouvir um pedido de perdão. Ela desvia o olhar, enquanto Fernando abaixa a cabeça. Dorival respira fundo e continua.

– Eu errei. Me envolvi numa aventura sem medir as consequências. Quando Sophia descobriu, não me perdoou e exigiu que eu fosse embora.

Foi tão difícil para mim quanto foi para vocês. Tive que deixar minha família, meus filhos. Me senti injustiçado, pois tinha sido apenas uma aventura. Ela sabia que eu a amava.

– Está querendo dizer que não tinha outra família? Que mamãe inventou tudo aquilo? – Fernando pergunta, aumentando o tom da voz.

– Eu não tinha outra família. Sua mãe foi envenenada por Mariana, a moça com a qual me deixei envolver. Ela tinha três filhos, um de cada pai, e queria alguém para sustentá-la. Quando eu disse que não queria mais nada, ela se vingou. Procurou Sophia e lhe mostrou foto dos três filhos dizendo que eram meus. Que eu tinha uma vida paralela. Mostrou uma foto de um passeio no Parque da Aclimação, eu, ela e as crianças, para dizer que vivíamos felizes. Sophia acreditou e me mandou embora.

– Se fosse essa a verdadeira história, você teria nos procurado para provar a verdade – Isabel argumenta, desconfiada.

– Eu tentei, mas Sophia contaminou vocês com sua ira. Somente Vivi se aproximou e acreditou em mim.

Viviane passa a mão nas costas do pai e conta que tentou falar para a mãe que aquelas crianças não eram filhas de Dorival, que Mariana só queria se vingar, mas foi inútil. Ela dizia que não importava se os filhos eram ou não dele, mas que não perdoava a traição.

– Nunca disse nada a vocês – completou Viviane –, porque não permitiam que eu tocasse no nome de papai. Fiz o que meu coração mandava e deixei o restante por conta do destino.

– Não culpo Sophia, colhi o que plantei. Fui inconsequente, reconheço.

– Nós crescemos, nos tornamos adultos, por que não nos procurou? Por que deixou que alimentássemos a versão de mamãe através da sua indiferença? Por que não lutou para se aproximar? – Fernando desabafa num tom ressentido.

– Fraqueza, filho. Qualquer coisa que eu dissesse Sophia desmentiria. Eu não tinha moral para que vocês acreditassem em mim. Fiquei tão ressentido quanto vocês. Me senti vítima por Sophia acreditar numa qualquer em vez de acreditar em mim, que formei uma família com ela. Hoje reconheço que provoquei tudo isso. Que não era vítima e tinha que ter pedido perdão e tentado a reaproximação. Nunca o fiz por orgulho e paguei um preço alto, muito alto. Ficar privado da convivência de você, Bel, que sempre foi minha princesa, e de você, Fernando, meu único filho homem, que sempre me encheu de orgulho, foi o pior dos castigos. Graças a Deus, Vivi se manteve próxima e me deu atenção e carinho.

– E por que essa palhaçada de impugnar o testamento? Por que só na hora da herança reaparece? – questiona Isabel, encarando-o com um olhar fulminante.

– Na verdade, depois que Sophia morreu, achei que poderia me reaproximar, mas não sabia como. Quando Vivi me falou da herança num testamento, achei que poderia chamar a atenção de vocês. Eu sabia que não teria direito a nada, não sou idiota, mas no desespero de querer me reaproximar meti os pés pelas mãos. O doutor Marcondes conversou muito comigo. Disse a ele que a minha verdadeira intenção era uma reaproximação. Ele então me fez enxergar que esta seria a pior forma e que assim eu poderia me distanciar da única filha que me acolheu estes anos todos. Por isso peço perdão. Por todos os erros que cometi, inclusive este. Mas quero que saibam que nunca deixei de amá-los, mesmo que de forma torta.

Fernando ergue os olhos, deixando as lágrimas escorrerem.

– Pai, você tem noção de quanto sua indiferença nos feriu? Esperei muitas vezes que aparecesse de surpresa e me abraçasse, dizendo que me amava. O fato de nunca ter nos procurado só reforçou o que mamãe nos disse. Nunca tive pai nos momentos que precisei de um.

Dorival ouve Fernando com a cabeça baixa, também emocionado.

– Perdão, filho, é só isso que posso lhe dizer.

Isabel se levanta, acende um cigarro e fica encostada na janela para soltar a fumaça.

– Eu sabia que seria difícil ser perdoado. Mas não perco a esperança.

– Nós não temos que te perdoar. Você é quem deve perdão a si mesmo – diz Isabel.

– Bel! – clama Viviane. – Por que se faz de durona, por que esse receio de mostrar seus sentimentos? Papai está admitindo seus erros e pedindo perdão.

– É fácil pedir perdão depois desses anos todos, depois de destruir os sonhos de uma adolescente. Nunca fui capaz de confiar em homem nenhum pela canalhice que ele aprontou. Assim como Nando, sempre guardei a esperança de que ele aparecesse e dissesse que me amava. Quando operei a vesícula de emergência, esperava que ele entrasse no quarto a qualquer momento com um buquê de flores na mão. Na minha colação de grau da faculdade esperei que aparecesse e dissesse que se orgulhava de mim. Eu não podia acreditar que alguém que ama deixa de amar da noite para o dia. Aquele pai que dizia me amar evaporou-se. A única conclusão a que pude chegar após muitas lágrimas de esperança inútil é que ele nunca me amou.

Faz-se um silêncio tão grande que é possível ouvir a ventoinha do computador.

– Filha, espero que um dia me perdoe. Sofri tanto quanto vocês. Não tenho mais nada a dizer. Preciso ir.

Dorival dirige-se a Fernando e o abraça. Fernando é receptivo ao abraço e se emociona.

– Me dá um tempo, pai. Tenho passado por momentos complicados. Preciso entender o que estou sentindo. Eu te procuro.

Dorival abraça Viviane, depois acena para Isabel, cabisbaixo. Os três irmãos se mantêm em silêncio. Isabel sente que o sangue lhe foge do rosto. Apoia-se na parede, tentando manter-se firme. Colocar tudo aquilo para fora lhe abrira feridas que julgava cicatrizadas. Diante daquele homem corroído pelo remorso de um ato inconsequente, conservava a armadura implacável da raiva para resistir à vontade de abraçá-lo.

Lívia está saindo do consultório da psicoterapeuta e vê Fernando parado na entrada do prédio. Será que ele a seguiu? Não se lembra de ter lhe dado o endereço da doutora Mônica.

– O que faz aqui?
– Vim busca-lá. Sabia que estava de táxi.
– Como achou o endereço? – Lívia pergunta, desconfiada.
– Liguei para o consultório e pedi. Você havia me dado o número, lembra?
– Lembro – diz Lívia ainda com o olhar baixo, passando a mão no cabelo. Não sabe o que pensar. Será que Fernando estaria desconfiando dela?
– Não gostou da surpresa? Vim em missão de paz.

Lívia respira fundo, relaxando um pouco, mas continua sem saber o que pensar.

– Pensei que daqui podíamos ir ao Shopping Iguatemi naquele café onde tivemos nosso primeiro encontro. O que acha?

Lívia sorri e abraça Fernando. Aquele convite sinalizava um recomeço. Fernando a beija na testa e os dois caminham abraçados e sorridentes. No trajeto até o *shopping*, Fernando conta sobre o reencontro com o pai. Lívia ouve com atenção. Na entrada do café, Lívia percorre o lugar com o olhar. Foi ali onde tudo começou. Seria um começo de uma nova história?

Fernando e Lívia relembram o primeiro encontro. Riem confessando seus sentimentos de adolescentes. Lívia vê o brilho nos olhos do marido e acredita que ainda podem se acertar.

O telefone de Lívia vibra. Ela olha no visor e não atende.

– Não vai atender?
– É meu pai. Passou o dia me ligando.
– E por que não o atende?
– Porque ele está me atormentando. Insiste que eu aceite um novo carro de presente.
– E você não aceitou?
– Não. Decidi que o próximo carro eu mesma vou comprar com o dinheiro do meu trabalho.

– Uau! Que mulher poderosa!

Ambos riem e Fernando coloca sua mão sobre a de Lívia e a olha nos olhos com encantamento.

– Você está feliz? – pergunta.

– Estou muito feliz! Este emprego foi a maior conquista da minha vida. Quer dizer, a primeira, porque acredito que o melhor ainda está por vir.

– Fui um tolo de sentir ciúme do seu trabalho. Fui egoísta por não olhar para suas razões.

– E eu uma tola por tudo que lhe disse – Lívia responde.

Fernando toca o rosto da mulher e pede que olhe para ele.

– Vamos deixar tudo isso no passado. Hoje recomeçamos nossa história.

Um beijo marca o momento.

Lívia realmente está feliz. A psicoterapia vem fazendo a diferença em sua vida. Agora que está se descobrindo, quer ser muito mais que a filha de um milionário ou a mulher de um engenheiro bem-sucedido. Quer ser ela, Lívia, uma pessoa que tem qualidades e é capaz de ir em busca de seus objetivos. Quer amar e ser amada. Apenas isso.

## 17 de setembro, casa de Sophia

Seije se aproxima da casa de Sophia. Mais uma vez contempla o jardim. Era acolhedor passar por passarinhos e flores tão lindas. Tudo conspirava para um dia inesquecível. Seije lembra a primeira vez que foi ao encontro dos filhos de Sophia. A apreensão, a tristeza pela partida da amiga. Seis meses depois, ali está cheio de alegria e esperança. Conseguiu atender ao pedido de Sophia. Foi um grande desafio, mas sente-se abençoado. Nada realmente é por acaso. Ganhou uma nova família. Foi a herança que Sophia lhe deixou. Independentemente do relacionamento com Viviane, já os tinha como sua família. Compartilhou dos medos, inseguranças, ilusões de cada um. Muitas vezes se identificou e reviu algo em si próprio.

Dá um toque na campainha e em seguida abre o portão. Caminha em direção à porta da sala. Viviane abre a porta e o abraça. Isabel e Fernando o esperam na sala.

Após Viviane servir um suco e alguns petiscos, Seije pede para começarem a reunião.

– Mas já não estamos reunidos? – questiona Isabel. – Esqueci que o japa é metódico. Vamos lá. Está iniciada a reunião da família Fernandes.

– Bel, dá pra guardar as gracinhas pra depois?– repreende Viviane.
Seije sorri e diz que Isabel tem razão.
– Às vezes sou metódico demais. Estamos em família, podemos conversar sem maiores formalidades. Quem gostaria de começar?
– Eu – responde Isabel prontamente. – Sou a mais velha e tenho prioridade.
– Então me diga: qual foi o pedido que Sophia lhe fez?
– Que eu procurasse emprego num restaurante português e mostrasse tudo o que sei fazer. Depois de arrumar o emprego, eu deveria permanecer nele mesmo após o período de experiência e juntar dinheiro para fazer uma viagem.
– A meu ver você cumpriu o objetivo muito bem – comenta Seije.
– Tínhamos uma *chef* internacional na família e não sabíamos – diz Fernando.
– Na verdade, nem eu sabia – Isabel confessa, sorrindo. – Foi uma agradável descoberta. Aumentei minha autoestima, valorizei o meu trabalho e conquistei um espaço importante. E de quebra melhorei minha convivência em equipe, coisa que me fazia perder os empregos sem que eu me desse conta. Carregava comigo uma síndrome de rejeição. Acreditava que as perdas eram punições e que a função da vida era me punir. Dona Sophia, Seije e depois a Cinira, com a leitura do meu mapa astral, me ajudaram a enxergar que isso só existia em minha mente e que na realidade era eu quem me punia. Comecei a reconhecer que tenho valor, que na vida há perdas mas há também ganhos, e tive coragem de negociar uma permuta para fazer um curso. O resto da história vocês conhecem e é apenas consequência dessas minhas atitudes. Amanhã embarco para a ilha da Madeira, uma viagem dos sonhos, sem ter que juntar um centavo. Tudo pago. Essa parte do desafio a vida me deu de presente.

Viviane, emocionada, enxuga o rosto com as mãos e abraça Isabel. Fernando se junta ao abraço e Seije os observa, sentindo a alma em paz. Em seguida, pergunta:

– Quem será o próximo? Nando ou Vivi?

– As damas primeiro – adianta-se Viviane.

– Pode falar, amor – diz Seije, que é caçoado por Isabel e Fernando.

– Então... Acho que fui a maior privilegiada nesta história.

– Também acho, e acho até que pode pedir exclusão do testamento – Fernando diz. – Já ganhou um amor, já está rica.

– O que Sophia lhe pediu, Vivi? – continua Seije, para não perder o foco.

– Mamãe me pediu que organizasse minhas finanças até conseguir fazer sobrar uma quantia mensal para poder cursar o MBA. Que perdesse o medo de arriscar para poder chegar aonde desejo. E que perdoasse meu ex-marido.

– E então? – pergunta Isabel.

– As finanças estão organizadas e até o final do próximo ano quito todas as dívidas. Rodrigo é um amigo e o pai dos meus filhos. Consegui perdoar a mim mesma porque era isso que me consumia na verdade. A crise financeira foi só o pretexto que precisava para justificar o que já não existia mais. Nosso casamento acabou muito antes das perdas financeiras. E agora a boa notícia: ontem me matriculei no MBA e começo o curso em fevereiro.

Fernando coloca os dedos na boca e dá um assobio alto, enquanto Isabel parabeniza a irmã.

Viviane retoma a palavra e avisa que tem mais novidades.

– E no próximo feriado prolongado, em outubro, eu e Seije faremos um curso intensivo de quatro dias sobre psicologia econômica. Rodrigo fez esse curso e falou tanto dele que me animei. Quero aprender um pouco mais sobre o funcionamento da mente humana na tomada de decisões antes de me arriscar nos investimentos.

Seije está ao lado de Viviane com os olhos brilhando. Ela se vira e o abraça. Ele beija sua testa.

Fernando toma a palavra.

– Devo confessar que fiquei transtornado com o pedido da mamãe e que foi muito difícil. – Ele engole em seco. Os demais ficam em silêncio, aguardando que continue. Retraído e olhando para o chão, Fernando continua. – Ela pediu que eu buscasse ajuda para saber se Lívia era ou não uma compradora compulsiva. E também que negociasse todas as dívidas e organizasse minha vida financeira. Foi muito difícil, e nesse processo vocês compartilharam comigo os momentos mais complicados da minha vida. Algumas vezes, no meu íntimo, me perguntava se não seria melhor ter morrido naquele infarto. O pedido de mamãe mexeu com meu ego, meus valores, minhas crenças e me obrigou a sair de um mundo de fantasia para colocar os dois pés na realidade. Foi doído. Me senti a pior das criaturas por ter deixado a situação chegar aonde chegou. Me senti humilhado por Lívia e acreditei que minhas filhas jamais se orgulhariam de mim. Pensei que não teria sanidade mental para lidar com a crise, mas a vida me deu um irmão. Um irmão de alma, que não me deixou cair de cara no chão.

Fernando para de falar, respira fundo, e parece engolir o choro. Levanta a cabeça, olha para Seije.

– Seije, serei eternamente grato por tudo o que fez por mim e minha família. Por ter me ajudado a enxergar a realidade e a lidar com ela. Consegui renegociar todas as dívidas. Busquei orientação com uma psicóloga especialista no assunto e descobri que tinha preconceitos infundados sobre psicoterapia e ignorava que o problema de Lívia é um transtorno patológico. Hoje eu e Lívia fazemos psicoterapia. Saber se ela é ou não uma compradora compulsiva já não me angustia. Nós nos propusemos a fazer o que precisa ser feito e seguir em frente. Com a graça de Deus e de Nossa Senhora de Fátima, estamos nos acertando a cada dia nesta nova realidade. Ela requer cuidados. O emocional dela ainda é bem frágil. Mas tem sido firme e sei que se esforça para mudar. Ter começado a trabalhar tem lhe dado uma nova visão, e ela se sente mais confiante. Em meio a tantas incertezas, a única certeza que sempre tive é que amo Lívia incondicionalmente e quero estar ao lado dela sempre.

Seije abraça Fernando com o vigor de sempre. Enquanto os três irmãos se recompõem, ele toma a palavra.

– Gostaria de dizer que através de vocês também pude cumprir o pedido de Sophia. Não fiz nada. Apenas mostrei caminhos, e vocês foram perseverantes e corajosos para trilhá-los. Agora somos uma família de verdade. Abrimos nosso coração em vários momentos e posso dizer que vocês me fortaleceram. Participar de suas conquistas foi uma realização para mim e me sinto um vencedor junto de vocês.

– Relembrando – diz Viviane –, mamãe nos fez prometer que atenderíamos seu pedido, alegando que só assim faríamos bom uso do que nos deixou. Agora, acho que podemos abrir o testamento, não podemos?

– O doutor Marcondes está a caminho – Seije informa.

– Já? – pergunta Viviane, surpresa.

– Deve chegar daqui a dez minutos. Amanhã temos de acompanhar Isabel até o aeroporto e seria muito mais tumultuado. Mudamos para hoje e resolvemos fazer surpresa.

Os três irmãos começam a falar ao mesmo tempo num alvoroço de crianças em dia de festa.

A campainha toca e Viviane recebe o doutor Marcondes, que chega apressado com uma pasta nas mãos.

– Imagino como devem estar ansiosos por este momento, por isso serei bem objetivo – ele avisa com seu ar de bom velhinho.

– Por favor – pede Isabel. – Não aguento de tanta ansiedade.

– Vocês sabem que temos um testamento. Ele foi feito de próprio punho por Sophia no avião, na presença do comandante, de uma comissária e de dona Antonia Oliveira. Além do testamento, temos uma carta que Sophia escreveu já no hospital. Vamos à leitura.

"Eu, Sophia Fernandes, deixo em testamento a casa onde moro para meus três filhos, que já são meus herdeiros, e para Sérgio Seije. Mesmo que estivesse entre vocês, não teria como pagar tudo o que Seije fez por mim e por meus filhos. Tenho certeza de que ele fez diferença na vida de cada um. Como gratidão, gostaria muito que esta casa fosse utilizada como sede para o trabalho voluntário feito por Seije. O trabalho é maravilhoso: ele recebe crianças com câncer de outros estados, que não têm recursos para ficar em hotéis enquanto se tratam. Ele usa a própria casa para abrigar as crianças e as famílias e banca tudo com seu salário e com o dinheiro arrecadado entre amigos. Com uma sede própria ele poderá fundar uma instituição de verdade e obter subsídios públicos para atender ainda mais crianças.

Sophia Fernandes"

Todos se entreolham, tentando entender o que se passava ali. Viviane abraça Seije e beija-lhe o rosto. Seije pede para falar.
– Agradeço de coração o gesto de Sophia, mas sei que legalmente esta herança pertence a vocês. Façam o que desejarem com a casa sem se preocuparem comigo.
– Lindo trabalho, Seije – observa Fernando.
– O trabalho é lindo, mas tem algo errado – Isabel argumenta, em seu costumeiro tom irritadiço. – Sabíamos que íamos herdar esta casa. Por que então cumprir os pedidos "para fazer jus ao que lhes deixo"?
O doutor Marcondes lembra que Sophia deixou uma carta também. Há coisas que não podem ser colocadas em testamento e ele acha que é a carta que contém a herança a que Sophia se referia de fato.
– Alguém gostaria de ler? – pergunta ele.
– Eu leio – diz Viviane prontamente.

"Ah, meus amores, não devem estar entendendo nada.
Ainda bem que Deus me deu mais alguns dias de vida para deixar para cada um as minhas maiores riquezas. Nestes dois anos, entendi quais são as verdadeiras riquezas na vida. Além de vocês,

meus filhos queridos, e dos meus preciosos amigos, tive alguns objetos valiosos, que agora deixo. Por isso pedi que nada fosse tirado desta casa até a abertura do testamento.

Deixo para Vivi, a minha caçulinha valente, o álbum de fotografias da família. Estas fotos sempre lhe farão lembrar da simplicidade das coisas da infância, dos momentos de festa em que dançávamos o bailinho da Madeira e depois, exaustos, dormíamos como anjos, com a alma cheia de alegria e paz. Que saudade daquele tempo! Como era bom! Veja, filha, como éramos felizes com tão pouco. Viver em família com alegria e em paz foi uma grande riqueza que conquistei e lhe deixo como herança.

Para Bel, deixo o meu caderno de receitas portuguesas. Deixei-o no armário da cozinha, no lugar de sempre. São receitas que faziam muito sucesso e reuniam pessoas queridas em volta da mesa. Eu preparava tudo com muito amor. Adorava ver as pessoas saboreando, elogiando. Mas estas receitas tinham um sabor especial para mim. Mantinham viva a cultura madeirense. Isso lembrava os meus pais, os meus amigos, momentos em que saboreamos juntos aquelas delícias. Preparar estes pratos significava manter vivo em meu coração tudo o que vivi com pessoas muito queridas. Era como senti-los perto de mim O que eu sentia dinheiro nenhum no mundo jamais poderá comprar. Este caderno de receitas é a riqueza que lhe deixo como herança. Que você reviva os momentos felizes que tivemos ao preparar cada receita. Esse é o principal ingrediente que deve colocar em cada prato.

Para Nando, deixo a imagem de Nossa Senhora de Fátima que trouxe quando vim para o Brasil. Ela está no meu quarto, sobre a cômoda. Minha avó me deu essa imagem dizendo que se eu tivesse fé, tudo daria certo. E que todas as vezes que eu rezasse diante dessa imagem, eu deveria lembrar que lá no meio do oceano havia alguém que me amava. Isso sempre me fortaleceu. A viagem de navio foi longa. Num dia em que o mar estava bravo a imagem caiu na cabine e ficou com a base esfolada; uma das mãos quebrou. Mas a mantive mesmo assim porque na verdade essa imagem era apenas um ícone para que eu me sentisse amada. Nenhuma riqueza material me daria a segurança que eu sentia ao olhar para ela. Quero que você também se sinta seguro e amado ao olhar para ela.

Enfim, meus amores, ter o amor da família, compartilhar o meu amor através da culinária e ter fé foram as riquezas que fizeram minha vida valer a pena.

A razão dos pedidos? Queria que vocês também pudessem encontrar seus verdadeiros valores, suas verdadeiras riquezas, e descobrissem por si mesmos que somos herdeiros de nossas escolhas.

Continuarei amando-os de onde estiver.

Mamãe"

# diário do Seije

## 8/9

Este dia foi mais que especial.

Quase um ano depois de termos aberto o testamento de Sophia, é dia de reencontro da família nos preparativos da inauguração da instituição.

Isabel chegou ontem e nos surpreendeu trazendo o namorado madeirense. Os olhos dela brilhavam ao falar da paixão por cozinhar, do amor que sente por Augusto e das cidades da Europa que já conheceu. Ela e Vivi passaram o dia na cozinha, adiantando tudo para a festa de amanhã, e não pararam de falar um minuto.

> Saiba mais no blog com a palavra-chave "psicologia econômica"

Vivi contou que fez o curso de *psicologia econômica* no ano anterior e sentiu a mente se abrir para uma nova visão econômica. Está cursando um MBA de gestão para a sustentabilidade e está adorando. Isabel ficou radiante com a escolha da irmã e as duas trocaram muitas ideias. Bom vê-las assim tão próximas e tão alegres.

Fernando e Lívia vieram trazer a van que o pai de Lívia nos doou, já adesivada com o nome da instituição: Lar de Sophia. Fiquei muito feliz e me senti abençoado. Lívia continua firme no emprego e não descuida do tratamento para se manter equilibrada. Fernando foi promovido a gerente de projetos da América Latina e, mesmo com agenda complicada, me ajudou muito com a reforma nos fins de semana.

No mês passado deixei de acompanhar as finanças deles; Fernando e Lívia já estão em condições de administrar a vida sozinhos.

As crianças se divertiram, enchendo balões para enfeitar o ambiente sob a coordenação de Augusto, que logo cativou os "miúdos" com o seu sotaque. Carla me ajudou a cuidar do jardim. Ela está morando com o pai, mas passa todos os fins de semana conosco e nos tornamos grandes amigos.

No final da tarde, meu sogro foi recebido com carinho pelos netos e disse que tinha um pedido a fazer. Dorival quer ser voluntário da instituição como motorista, enquanto tiver saúde. Os filhos o abraçaram emocionados, inclusive Isabel. Como é bom ver o efeito do tempo no coração das pessoas!

Que herança maravilhosa Sophia nos deixou.

posfácio

Querido leitor,

Convido-o a refletir sobre a herança que deixará nesta existência.

Nestes tempos em que se valorizam tanto os bens materiais, quero que você se questione sobre o que de fato preenche o seu coração. O que de fato vale a pena ser vivido.

Passamos muitos anos nesta existência, muitas vezes sem nos darmos a oportunidade de questionar o que nos faz feliz. Sem pararmos para pensar que algumas vezes a vida perde o sentido porque os prazeres materiais sobrepõem-se aos prazeres da alma.

O que você deseja de fato para a sua vida e que preço está disposto a pagar?

Espero que consiga responder a essas perguntas e desejo sinceramente que Deus abençoe suas escolhas. Seja feliz!

Elaine Toledo

# agradecimentos

O sentimento de gratidão sempre me trouxe bem-estar. Agradeço a Deus todos os dias por tudo que o tenho e sou, mas nesta ocasião tenho agradecimentos especiais a fazer.

Minha gratidão a James McSill, meu *coach* e amigo, que pacientemente me ensinou e acompanhou para que este trabalho chegasse até aqui.

A Márcia Luz, André Tadeu e Odete Rabaglio, meus queridos amigos e grandes incentivadores.

À doutora Cleide Guimarães, a Cinira Palotta e a Sibelle Pedral, profissionais e amigas que me ajudaram a deixar esta obra melhor.

À doutora Vera Rita Ferreira de Melo, que me apresentou à psicologia econômica e até hoje me ensina e inspira.

Minha gratidão também à Editora Alaúde, por ter acreditado em mais este projeto, e a todos os leitores.

Muito obrigada!

# apêndice

## Questionário de análise financeira pessoal

**1. Você planeja o uso do seu dinheiro?**
a.  Sim, tenho um plano financeiro que me norteia mensalmente.
b.  Nem sempre, apenas planejo a longo prazo; a curto prazo não faço nenhum planejamento.
c.  Nunca.

**2. Você faz algum tipo de controle do uso do seu dinheiro?**
a.  Sim, faço orçamento doméstico mensalmente.
b.  Apenas confiro o extrato bancário para ver o saldo.
c.  Não faço nenhum tipo de controle.

**3. Você pesquisa preços e planeja suas compras?**
a.  Sim, defino o que quero e pesquiso preços sempre.
b.  Não; planejo e pesquiso o preço apenas dos objetos mais caros. Para as coisas triviais, sigo o caminho mais prático para não perder tempo.
c.  Não planejo nem pesquiso, apenas compro.

4. **Você normalmente usa crédito, como cheque especial, cartões de crédito, cartões de loja, carnês, cheque pré-datado ou outro tipo?**
   a. Não. Pago à vista e uso crédito apenas para financiar bens duráveis, como minha casa própria.
   b. Uso algumas linhas de crédito, mas no mês seguinte coloco a vida em ordem.
   c. Uso todas as linhas de crédito possíveis sempre, pois não consigo mais viver só com o meu dinheiro.

5. **Você tem o hábito de poupar?**
   a. Sim, poupo mensalmente uma quantia.
   b. Somente quando sobra dinheiro.
   c. Não consigo guardar dinheiro nunca.

6. **Você busca informações sobre finanças pessoais para melhorar a gestão do seu dinheiro?**
   a. Sim, sempre.
   b. Às vezes.
   c. Nunca.

7. **Ao receber dinheiro proveniente do seu trabalho, você:**
   a. usa de acordo com seu planejamento e anota tudo no orçamento mensal para saber exatamente quanto e onde gastou.
   b. paga as contas e vive o resto do mês com o que sobrou sem se endividar.
   c. ainda é obrigado a usar crédito para sobreviver, pois o banco engole todo o seu dinheiro para cobrir dívidas.

8. **Sua situação financeira atual está:**
   a. organizada. Tenho controle sobre meu dinheiro, não tenho dívidas que comprometam meu orçamento e poupo sempre que possível.

b. um pouco desorganizada. Não sei exatamente quanto gasto por mês, tenho algumas dívidas que consigo pagar, mas não consigo poupar.
c. desorganizada. Não sei quanto gasto, nem quanto devo ao certo, tenho muitas dívidas e não estou conseguindo pagar.

**9. Caso fique doente, impossibilitado de trabalhar ou desempregado, por quanto tempo sobreviveria com suas reservas?**
a. 4 a 6 meses.
b. 1 a 3 meses.
c. Não tenho reservas.

**10. Com relação à sua aposentadoria, você:**
a. faz investimentos para complementar sua renda.
b. prepara-se para uma nova carreira pós-aposentadoria para gerar recursos complementares.
c. ainda não pensou a respeito.

## Avaliação

Marque na tabela abaixo quantas vezes respondeu A, B ou C. Depois, multiplique pelo número de pontos referente a cada alternativa e some. Nesta etapa, são analisadas as decisões relativas às finanças. O resultado servirá para você refletir sobre quais decisões precisam ser revistas para mudar o resultado obtido.

| Suas decisões: perguntas 1 a 7 | Número de respostas | Total de pontos |
|---|---|---|
| Resposta A: 10 pontos | | |
| Resposta B: 5 pontos | | |
| Resposta C: 1 ponto | | |
| | Total | |

**De 55 a 70 pontos:**
Suas decisões estão adequadas para obter bons resultados em sua vida financeira.

**De 40 a 54 pontos:**
Suas decisões precisam de ajustes. Reveja algumas delas para evitar um desajuste nas finanças.

**De 7 a 39 pontos:**
É hora de rever suas decisões. Busque ajuda de um especialista o quanto antes.

Agora vamos ver se suas decisões estão coerentes com os resultados que você tem obtido na sua vida financeira.

| Seus resultados: perguntas 8 a 10 | Número de respostas | Total de pontos |
|---|---|---|
| Resposta A: 10 pontos | | |
| Resposta B: 5 pontos | | |
| Resposta C: 1 ponto | | |
| | Total | |

**De 20 a 30 pontos:**
Parabéns, seus resultados demonstram que você está cuidando bem do seu dinheiro.

**De 12 a 19 pontos:**
Seus resultados demonstram que ainda é possível melhorar suas finanças para ter reservas a curto e médio prazo.

**Abaixo de 11 pontos:**
É hora de buscar a ajuda de um especialista.

Para melhorar seus resultados em cada uma das situações abordadas, sugiro a leitura de artigos que podem ajudá-lo. Todos os artigos podem ser encontrados em www.elainetoledo.toledocursos.com.br.

| Pergunta | Palavra-chave | Artigo | QR-Code |
|---|---|---|---|
| 1 | Planejamento | Planejamento, a base para o sucesso | |
| 2 | Controle | Orçamento eficaz, uma ferramenta para a prosperidade (baixe a planilha em www.toledocursos.com.br/livros_planilhas.aspx) | |
| 3 | Pesquisa | Aprenda a fazer boas compras | |
| 4 | Empréstimo | Crédito é veneno ou remédio? | |
| 5 | Poupar | Poupar é uma missão possível? | |
| 6 | Informações | Informação é poder | |
| 7 | Uso do dinheiro | Como fazer bom uso do seu dinheiro | |
| 8 | Vida financeira | Como organizar a vida financeira | |
| 9 | Reservas emergenciais | Quanto devo reservar para emergências? | |
| 10 | Reservas para aposentadoria | Como planejar sua aposentadoria | |

## Planilha de orçamento mensal

| Entradas | R$ | Pode melhorar? |
|---|---|---|
| Salário/aposentadoria/pensão | | |
| Comissões/bonificações | | |
| Aluguéis recebidos | | |
| Baixas de investimentos | | |
| Outras entradas | | |
| Total das entradas | | |

| Saídas | R$ | Reduzir para |
|---|---|---|
| Aluguel/prestação imóvel | | |
| Condomínio | | |
| Luz, água e gás | | |
| IPTU | | |
| Manutenção da casa | | |
| Supermercado e alimentos | | |
| Combustível | | |
| Parcela do carro | | |
| Manutenção do carro | | |
| Seguro do carro | | |
| Internet + TV a cabo | | |
| Telefone celular | | |
| Cuidados pessoais | | |
| Educação | | |
| Assistência médica/odontológica | | |
| Lazer | | |
| Investimentos | | |
| Reserva para emergências | | |
| Total das saídas | | |

| Resultado | R$ |
|---|---|
| Entradas - Saídas | |

**Este resultado está:**
( ) Bom.
( ) Precisa melhorar.
( ) Ruim; preciso mudar algo urgente.

Se o resultado não está bom, comece revendo as despesas que pode enxugar: preencha a coluna *Reduzir para* e acompanhe os gastos na ponta do lápis anotando tudo que você gasta durante um mês. Verifique semanalmente a situação financeira para não perder o controle. Quem manda no seu dinheiro é você!

Sucesso!
Elaine Toledo